情緒暴走
不是你的錯

心理師也在用的15個口訣與秘訣，
快速回復心平氣和

大嶋信賴——著
劉愛夌——譯

各界推薦

人生不如意十之八九，「被負面情緒侵擾」一定是其中之一，尤其當情緒來自長官、朋友、家人等等，是多數人的困擾，甚至成為創傷而無法自拔。

我建議：生命本身就是一種對抗環境暴力的實體，對抗的根本之道還是要正本清源，認識生命的核心——靈魂的力量，也就是熱愛生命，努力生存的力量。在這個前提之下，本書可以說是增加情緒暴走抵抗力的心靈體操，值得大家努力練習。

——李錫錕／前台大政治系教授

本書透過實例分析，探討現代人容易「情緒暴走」的各種原因。讓讀者了解那些「我就是無法不在意」的小事情，不只是小事情，而是需要找到對策的情緒狀況題。尤其在我們亞洲文化中，經常控制不住「擔心」的情緒，讓自己什麼都不敢問、不敢表達，反而說出言不由衷的話，內心真正的情緒並未消除，不安和焦慮會引發更敏感的想法，恐會招致更多互動的惡性循環。

——**許嬰寧／諮商心理師**

情緒對我們的影響其實遠比想像的更嚴重，遠至傳說中吳三桂怒髮衝冠為紅顏、近到某某藝人被小三爆料私德不淑，多少事情是在情緒衝動的驅使之下發生的。日常生活中也有許多小事情，都是受到情緒影響而不自知，但這時候情緒會偽裝成「感覺」、「覺得」這種比較溫和的樣子，讓我們認不出來。

最典型的例子是夫妻吵架，其實都不是為了當下發生的事件（比如老公晚回家），而是雙方日積月累的某種「不爽感」。這種不爽感看似渺小，最後往往成滴水穿石之效，對生活造成強大的衝擊。

處理情緒時，許多書籍或學科大都教導「閃躲性」的方式：不論是轉念、正面思考或是去尋找到情緒的根本，其實都是在「避情緒的鋒芒」，但《情緒暴走不是你的錯》提出讓人眼睛一亮的見解：面對它，甚至深入它（幾乎是完全沉浸在裡面），更提出了具體的步驟與方式。

我相信這種訓練能夠幫助我們面對「情緒的習得性無助」，也就是每次情緒出現時我們就失控的當下，讓自己先知道「情緒沒那麼可怕」，從與它交朋友開始、走向改變它的道路。

——熊仁謙／快樂大學創辦人

有時，你的情緒不是你「當下的」情緒。暴走的情緒往往源於過去沒有被好好處理的情緒，在此刻重出江湖，逆襲而來。本書將認知療法裡部分精華做了好讀易懂的介紹，並將它歸納成朗朗上口的口訣。跟著本書引導持續練習，「澄清感覺、回溯根源、把情緒還給對方」，情緒不再暴走的那一天就有可能到來。

——蘇益賢／臨床心理師、作家

前言／情緒其實是人幻想出來的產物

你有過情緒暴走的經驗嗎？比方說——

原本開開心心的飯局，卻因為別人無心的一句話而火冒三丈，導致歡樂的氣氛瞬間降到冰點。

一點小事就能讓你氣得半死，不斷鑽牛角尖，最後才發現自己只是在浪費時間。

因提心吊膽而亂了分寸，導致禍從口出，一步錯步步錯，最後還得自己收拾殘局。

別人眼中再普通不過的事，卻能讓你緊張得要命，杞人憂天，最後才在那邊悔不當初。

像上述這種為了一點小事就受到影響、感情失控的情況，就叫做「情緒暴走」。

我從小就覺得自己是一把「小茶壺」，度量奇小，一點小事就能讓我「氣PUPU」。

我一直覺得很納悶，為什麼其他人遇到同樣的事都不為所動，只有我特別容易受到影響，不是氣得火冒三丈，就是莫名地擔心受怕，不然就是哭得跟傻瓜一樣。

也因為這個原因，我從小到大都一直在尋求保持心平氣和的方法。

長大後，我當上了諮商心理師。在幫客戶諮詢的過程中，我不斷追尋「情緒暴走」的原因，也發現了不少有趣的現象。

小時候我以為「情緒」是住在心裡的大怪獸，牠衝動又不受控制，常為了一點小事就鬧得天翻地覆。後來才知道，這一切都只是我的幻想。

「情緒」根本不是住在心裡的大怪獸，而是在他人的刺激下產生的「幻想」。你愈是想控制它，這些「幻想」就愈是煞有介事，彷彿一頭作亂的大怪獸，拔山倒樹而來。

然而，一旦摸透情緒的「真面目」，你就會發現自己之前完全是鬼遮眼，怎麼會為了這麼一點小事鑽牛角尖。要比喻的話，就像是破解了魔術詭計一般，令人豁然開朗。

心理學和精神醫學對情緒的機制已有諸多論述。本書將捨棄那些艱難的理論和詞彙，從比較有趣的觀點切入，假設「情緒是人幻想的產物」，來討論避免「情緒暴走」的方法。

本書所提出的解決方法與既往理論相當不同，一開始可能會有人覺得這是「旁門左道」，但相信我，只要看到最後，一定能讓你產生共鳴。

希望各位看完本書後，都能夠「心如止水」，享受只屬於自己的心靈平靜。

情緒老是失控，
活得好痛苦……

案例 01

一點小事就氣個半死，久久無法法忘懷。

我有個同事，他對別人總是笑容可掬，對我卻愛理不理的，氣得我七竅生煙。

我一直告訴自己，是我想太多了，為了這種小事就氣成這樣，我的心胸未免也太狹窄了吧？別再想這種無聊事了！

然而，他那張不屑的臉卻不斷在我的腦海中浮現，讓我心中一把火，根本無法專心上班。接著又想到是那傢伙害得我無法專心，怒火就燒得更旺，更無法好好工作了。

案例 02

擔心自己被對方討厭，
想要補救卻變成畫蛇添足。

每次跟人講話，只要對方表情稍微變化，又或是不說話時，我就會非常緊張，擔心自己是不是說錯話、惹怒了對方。

一想到對方有可能會因此而疏遠我，我就腦筋一片空白，急著想要補救這段關係；不補救還好，一急反而說錯話，弄巧成拙，惹得對方不高興。

每次發生這種事，我回家後都會反省自己，並下定決心今後要抬頭挺胸活出自我，不再受他人擺佈。然而，實際與人面對面時，我卻還是抑制不住不安的情緒，因害怕被對方討厭而倉皇失措，進而失去判斷能力，一再重蹈覆轍，陷入惡性循環。

案例 03

每天都沉浸在「為何沒人懂我」的痛苦之中。

我希望每個人都能懂我、體諒我，然而，他們卻老是說出我最不想聽的話，害得我心情因此盪到谷底，像個孩子一般無理取鬧。

其實我不是不知道，之所以會造成這樣的結果，是因為我沒有跟他們好好溝通。但是，每當他們做出有違我心意的行為時，我總是抑制不住悲傷的情緒，覺得自己好孤獨，進而故意做出幼稚的行為。

我知道這樣做只是在浪費時間，而且只會造成反效果，擴大彼此的隔閡與鴻溝，但我就是控制不住自己的情緒。

案例 04

想跟人好好相處，
卻因脾氣不好而遭到疏遠。

有些人相處起來總是特別快樂，聊起天來特別充實。

我很喜歡跟這種人交流，然而一旦對方出言糾正我，我就會怒火攻心，覺得對方對我有敵意。他們的口氣稱不上嚴厲，卻讓我非常反感，對他們的印象也瞬間翻盤，覺得他們是自以為是的王八蛋。

有時我上一秒還聊得開開心心的，下一秒就被怒氣沖昏了頭，覺得他們瞧不起我，故意找我的碴，進而疏遠對方。

我很清楚，像我這種翻臉跟翻書一樣快的人是不受歡迎的。但我真的控制不了自己的脾氣，一再重蹈覆轍。

CONTENTS

1

一點芝麻綠豆小事，就能讓你情緒失控嗎？

2 拒絕「情緒暴走」：心平氣和速成法

3

拒絕「情緒暴走」：自我控制法

4 心如止水小秘訣

5 人際關係處處碰壁？讓「心靈咒語」解救你！

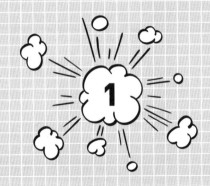

1

一點芝麻綠豆小事，就能讓你情緒失控嗎？

放心！有「情緒暴走」問題的可不只你一個喔！

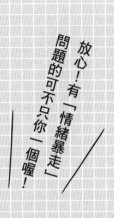

情緒失控易導致本末倒置

每當情緒失控，你是否也會用看電視、上網追劇、打電動、胡思亂想來「逃避現實」呢？

回過神來，才發現自己在虛度光陰，**浪費一堆時間耍廢放空，真正想做、該做的事情卻沒做到**。

一位女性告訴我，有次她打算一個人靜靜地看喜歡的書，卻被另一半遷怒而搞得心煩意亂，導致她書也忘了看，一整天都在胡思亂想：「他是怎麼了，為什麼對我那麼凶？」

有些人心情一不好，就會下意識地打開電視，尋求「節目」的慰藉。然而，光陰似箭，回過神來才發現自己浪費了多少時間，早知道就把這些時間拿來看喜歡的書，或是做自己想做的事。

再舉個例子吧！A為了增進英語能力，特地買了英語教學書，卻在搭電車時，因為隔壁歐吉桑的手肘一直碰到他而一整天心浮氣躁，根本無法專心學英文。心情被擾亂後，他開始在網路上搜尋「學習英文的方法」，後來卻開始逛起網拍，自暴自棄地認為自己根本不適合學英文。

A下定決心學習英文，本想創造全新人生，卻因為一點小事而糟蹋了原本美好的心意。

你沒看錯！被一點小事影響情緒，後果就是這麼嚴重，讓人本末倒置，悔不當初！

「憤怒」是會傳染的

不瞞你說，我一直都覺得自己度量奇小無比，常為了一點小事就情緒失控。也因為這個原因，我一直努力追求「心如止水」的境界，希望自己能時時保持冷靜。

有次開會開得好好的，我卻突然心浮氣躁起來，情緒變化之快，連我自己都不敢置信。

不知道為什麼，當時我一直想起以前不愉快的事，而且是非常久以前的事。這讓我感到很納悶，都過了這麼久了，我怎麼還無法釋懷呢？

仔細回想後我發現，**我是從主管走進會議室後才開始心情不**

好的。難道說，我其實是在生主管的氣？

不過，我對他並沒有不滿啊。

還是說，我其實不爽他很久了，這股怨氣無處發洩，才「遷怒」到以前的爛人爛事？可是我左想右想，就是想不到主管哪裡惹到我。

正當我百思不得其解時，主管的吼聲響徹了整間會議室——

「你在搞什麼鬼啊！」

只見平時個性溫和冷靜的上司，竟氣得面紅耳赤，對一位沒把工作做好的同事大發雷霆。

原來是主管的怒氣傳染給我了

當身邊的人很緊張時，你是否也會跟著不知所措呢？即便對方藏得很好，我們依然能感受到他緊張的情緒，跟著窮著急。

既然緊張會傳染，**怒氣自然也會傳染**。

那天開完會後，我向主管的太太一探究竟，才知道他們夫妻倆早上大吵了一架，主管太太跟我抱怨了足足一小時。

也就是說，當主管踏進會議室的那一瞬間，我就「接收」到他的怒氣，情緒也隨之波動，卻誤以為是自己在生氣。

大腦是情緒模仿高手

有科學家將電極插入猴子的腦中，觀測猴子活動手部時的大腦反應。

該名科學家注意到，當他在猴子面前活動雙手時，猴子自己本身的手沒動，腦神經細胞卻出現手部在活動的反應。

這項實驗發現，**大腦會模仿眼前的對象**，也就是所謂的「鏡像神經元」。大腦除了操縱動作，也掌控情緒，既然大腦會模仿動作，**是不是也會模仿情緒呢？**

我們的大腦經常與周遭的人互動連線。我認為，人腦應該能夠利用腦波互相溝通，只是以現在的科學技術，還無法偵測到大腦溝通的頻率罷了。

也就是說，當主管走進會議室時，我的大腦便自動與他的大腦連線，模仿他「憤怒」的情緒，導致我也跟著心浮氣躁。

看到這裡，你是不是也覺得很可怕呢？別人的怒氣竟然能進入我們的大腦，輕易左右我們的情緒。

你有沒有工作到一半、聊天聊到一半，突然心情不好的經驗呢？這也許不是因為你脾氣差，只是大腦在模仿別人的情緒罷了。

但是問題來了，到底要怎麼做才能保持心平氣和呢？

這一點我將在第二章詳述。

在那之前，我們先看看為什麼情緒這麼容易受到影響。

情緒易暴走原因①——缺乏「基本信任」

心理學家指出，人對人的「基本信任」，是在一歲前形成的。

他們透過實驗老鼠發現，若在嬰兒時期強迫將老鼠與母親或群體分開，該老鼠之後就再也無法融入群體。

人也是一樣，嬰兒期若缺乏母親溫暖的懷抱，就無法形成健全的「基本信任」，導致難以信任他人。

這樣的孩子長大後，通常較缺乏安全感，**因無法將他人視作同伴，他們身處人群中較容易緊張，受到一點刺激便陷入恐慌之中。**

看到這裡也許有人心想，我又不記得一歲以前的事情，要怎麼知道「基本信任」是否發展健全呢？

別擔心，這裡要教大家一個非常簡單的確認方法——「**人類形象法**」。

請你在腦中想像「人類」的樣子。

若你想像的是像廁所符號那樣的人影輪廓，又或是人形餅乾、動漫人物，就代表你的「基本信任」發展不足，對人充滿了不信任。

若你想像的是現實中的人類，則代表兒時就已發展出健全的「基本信任」。

也就是說，如果你想像的「人類」只是「剪影」或「輪廓」，對你而言，其他人都只是「影子」般的存在，並非可以信任的對象。也因為這個原因，**你才會賭氣地覺得「無人可信」**，

「人只能靠自己」。只要別人做出稍微過分一點的事，就讓你無法忍受。

情緒易暴走原因②——偽裝自我

只要信任對方，就能在對方面前呈現最真實的自己。什麼叫做「最真實的自己」呢？也就是為所欲為、暢所欲言。在沒有壓力的情況下，自然不會情緒失控。

相反的，在不信任的人面前，**人是無法「真誠以對」的**。**為了避免受到對方攻擊，我們只能裝模作樣，武裝自己**。生怕一說錯話，對方就會看清自己，又或是全盤否定你的努力。

在一言一行都必須謹慎小心的情況下，壓力自然隨之而生，甚至怨天尤人，為什麼我要這麼低聲下氣地活著？

舉個例子，A問B要吃什麼，B為了讓對方覺得自己人很好，便回答：「看你想吃什麼啊，我都可以。」

B之所以扮演「好人」，是為了保護自己不受到A攻擊。

於是A說：「那我們去吃燒烤吧！」B表面上笑著說好，心裡卻氣個半死：「我今天胃不舒服耶，他難道看不出來嗎？」

吃燒烤時，A盡點些昂貴的肉，B一樣表面上沒說什麼，只在心裡嘟囔道：「他怎麼完全不考慮別人的經濟狀況啊？」就這樣，B的壓力愈積愈多，怒火也愈燒愈旺。

最後，B終於因為A一句無心之言而火山爆發，他努力經營的「好人」形象就這麼毀了，前功盡棄。

再舉個例子，C和朋友D出去吃飯，結果D喝醉了，結帳時完全沒有要付錢的意思。

其實C很想叫D付錢，但為了經營自己的「好人」形象，便默默幫D付了。這是為什麼呢？因為C的「基本信任」發展不足，導致他在人前沒有安全感，自動進入「好人模式」，不敢呈現出真實的自己。

沒想到C付完錢後，D還厚臉皮地跟他說：「真不好意思耶，讓你請我吃飯。」這讓C在心中後悔不已：「我怎麼會跟這種人出來吃飯啊……以後再也不跟他出來了！」原本開開心心的飯局，就因為C沒勇氣活出「真正的自我」而毀了。

然而，如果下次D再約C吃飯，會發生什麼事呢？C肯定又會自動啟動「好人模式」，言不由衷地答應D的邀約，然後進入惡性循環，導致自己壓力愈來愈大，愈來愈討厭D，最後終於受不了，與D斷絕往來。

如果C不執意扮演「好人」的角色，在D面前呈現最真實的自我，就能跟D好好相處，也不會因為壓力過大而情緒失控。

因為不信任對方而偽裝自己，只會徒增壓力，最後因為忍無可忍而與對方「切八段」。在這樣的情況下，又怎能與人建立良好的信任關係呢？

情緒易暴走原因③——不敢與有好感的人交心

如果再繼續偽裝下去，任憑壓力囤積、情緒失控而破壞人際關係，最後只會愈發看輕自己，覺得自己很遜、很沒用。

一旦進入這種「自我否定」的狀態，就會變得不肯與人交心。即便對某人有好感，也會因為覺得他太過耀眼而不敢主動靠近。

除此之外，不肯與有好感的人交心還有一個原因，那就是怕自己會毀了這段關係，以致佇足不前。

最後只好退而求其次，跟「自己不是那麼喜歡的人」相處。

這樣下去會發生什麼事呢？你瞧不起自己，也瞧不起身邊的那些人，但還是為了「裝好人」而勉強跟他們來往。而那些三流、三流的對象根本不懂得感恩，每次都惹得你怒火攻心。

身邊的朋友也會覺得你很奇怪，為什麼要跟那些討厭鬼來往？這樣不是壓力很大嗎？——你並非不清楚這點，但因為害怕被人嫌棄，所以**根本不敢靠近真正想相處的人**。

我認識一名女性，她非常看不起自己，覺得自己是個沒用的女人，所以總是故意找一些「沒有同理心」的人約會。

有次E男約她到中華街約會，卻沒帶她去吃中國菜，只是匆匆走過中華街，走進一般連鎖餐廳。

這讓她覺得很納悶，既然沒有要吃中國菜，何必約在中華街呢？但她依舊只是「想想」而已，什麼都沒說。重點是，E男在連鎖餐廳點的還是中國菜，三口併兩口吃完就離開餐廳。

她不懂自己為什麼要跟這種「爛咖」約會，但每次對方約她，她還是會因為可憐對方而答應邀約，然後回家後再氣個半死，怨天尤人，痛苦萬分，覺得自己是個悲哀的女人。

然而，怒濤過去後她又開始擔心，自己是否因為情緒失控而做出失禮的事，進而想要補償對方，最後陷入惡性循環。

如果她未因情緒失控而自輕自賤，自然就不會發生後續一系列惡果，再度被情緒玩弄於鼓掌之中。

這麼一來，她就可以跟優質的人出去玩，一起享受美食，玩得開心又自在。

只要擺脫「情緒暴走」的束縛、跟真正喜歡的人共度美好時光，你會發現經營人際關係竟是如此簡單，這個世界充滿了感動。

真正優質的朋友不會說一些令你生氣的話，你也不用在他們面前裝模作樣，相處起來零壓力，輕鬆又自在。

情緒易暴走原因④——過度解讀他人言行

當一個人心中存有「基本信任」，他與人相處起來會是對等的，覺得對方跟自己是一樣的人，有一樣的想法、一樣的感受，所以不需要特別去了解對方的心態。相反的，**對缺乏「基本信任」的人而言，「別人」只是剪影、猴子，他們覺得別人跟自己是不同的，才會拚命想要解讀他人的感受。**

試想，你有辦法了解「影子」在想什麼嗎？當然沒辦法。而不知道對方在想什麼，當然會感到害怕。

分析動物園裡那些張牙舞爪的猴子的心態，又會得到什麼結果呢？「這些猴子瞧不起我」、「牠們在威嚇我，逼我餵牠們吃東西」。

把對方視作「同類」能令人獲得安全感，自然不會產生多餘的情緒。

相對的，**如果把別人看作「異類」，只會讓他們變得更「深不可測」**。在無法揣測他人心態的情況下，情緒失控只是必然的結果。

這也是為什麼，情緒容易暴走的人搭電車時，只要別人多看他一眼，就會懷疑對方是不是覺得自己是個「怪咖」。

你會覺得自己的「同類」是「怪咖」嗎？正因為你把對方視為「異類」，才會覺得對方對你投以異樣的眼光。

在這樣的情況下，走在路上遇到不讓路的人，就會覺得對方瞧不起自己，嚴重時甚至還會想殺了對方。

換個角度想想，如果路上有人向你迎面走來，你會因為對方看起來很遜、覺得他是個白癡，就故意去撞他兩下嗎？基本上是不會的。唯有將人視作「異類」的人，才會這樣過度解讀別人的行為。

像這樣放大檢視他人言行、胡亂揣測對方的心態，只會影響自己的情緒，生不必要的氣、擔心不必要的事，進而做出有違常理的行為。而看到對方的反應，又會進一步胡思亂想，搞得自己心煩意亂。日復一日，世界也會變得愈來愈扭曲。

情緒易暴走原因⑤——一味討好他人

情緒易暴走的人無法與人對等相處，不是覺得過度抬舉對方，認為「**對方比自己高等**」；就是過度輕視對方，覺得「**對方比**

自己低等」。

前者會變得過度諂媚，一味討好對方，放大檢視他的言行態度，生怕惹怒對方。

一想到對方有可能再也不理你，就讓你提心吊膽，腦中一片空白，甘於放低身段，凡事以對方為尊。

後者則會變得過度警戒，為了不被看輕而處處配合對方。一方面委屈自己，一方面又責怪對方不懂感恩，因為一點芝麻綠豆的小事就氣得半死，卻又為了「裝好人」而不敢表現出來。

一旦陷入這樣的惡性循環，就會因為壓力過大而引發「心理麻痺」，**與人相處完全不顧自己感受，一味討人歡心**。

我的一個女客戶就是這樣，只要同事的態度囂張一點，她就認為「對方比自己高等」，即便是團體行動，也只看那個人的臉色行事。

有一次她跟個性跋扈的I男解釋工作內容，I男只是稍微皺了皺眉頭，她便「解讀」為I男聽不懂，開始一一說明細節。

沒想到I男卻為此大發雷霆：「妳說重點好不好！」被這麼一罵後，她開始處處討好I男，就怕I男覺得她是個連工作都做不好的廢物。

然而，當她主動要求幫I男工作時，I男卻冷冷地回道：「不用了，妳管好自己吧！」熱臉貼人家的冷屁股讓她更緊張了，腦中一片空白，無法專心工作，以致於工作效率變差。這麼一來，I男對她說話更沒好氣了。

這個案例告訴我們，太過在意他人感受，有時反而會因為情緒失控而造成反效果。

情緒易暴走原因⑥——言不由衷

情緒容易暴走的人經常因為「想太多」而言不由衷。

我們控制不住「擔心」的情緒，因擔心傷到人或惹怒對方，所以這也不敢說、那也不敢說。

A男上了一整天的班，滿心期待地回家，準備享用老婆的手藝，然而回到家後，餐桌上卻空空如也，老婆還漫不經心地說：「我還沒煮晚餐……」

當下A男實在很想大發脾氣：「我上班累得半死，妳就不能多用點心嗎？」但是，一想到可能會因此跟老婆大吵一架，他就打了退堂鼓。

老婆慢條斯理的態度讓A男心浮氣躁，後來老婆也被A男的焦躁弄得心神不寧，只好隨便煮一煮就端上桌。

A男吃了一口心想：「這菜怎麼沒味道啊？為什麼不試好味道再上桌呢？」但他怕這麼說會把老婆氣哭，便硬生生把話吞了回去。

吃完悲慘的晚餐後，A男洗澡時不禁悲從中來，覺得自己是個沒人關心沒人愛的可憐蟲，自怨自艾地認為這世界沒有可信可靠之人。這麼一來，他更無法對人敞開心房說真心話了。

再這樣下去，A男的壓力只會愈來愈大，引發失眠、情緒不穩等症狀，進而失去健康。

「我從小脾氣就不好」
——你是否總是在責怪自己？

小時候，我很常因為一點小事就嚎啕大哭。只要我一哭爸媽就很生氣，我也很想冷靜下來，但眼淚就是止不住，有幾次還因為抽泣不止而被爸爸打。

所以從小到大我都很懊惱，**為什麼我就是控制不住情緒呢？**

長大後，我終於不會在人前流淚了。然而，眼淚卻改往心裡流，一點小事就能讓我杞人憂天、情緒不穩。

每次走在路上，只要迎面走來的人長得「凶惡」一點，我就會在心裡嚇得半死。我知道自己這樣很糟糕，但無奈就是控制不住。

不僅如此，每次約人出去吃飯，只要對方說有事不能去，我就忍不住眼眶泛淚，是不是很誇張呢？

其實我很清楚，我還是小時候那個愛哭鬼，一點都沒有變。

雖然我很努力在人前假裝堅強，但就本質而言，我的情緒依舊不受控制。我覺得自己這樣真的很丟臉，就像一個長不大的孩子。

就是無法不在意

後來我發現，這些情況之所以發生，是因為我過度揣測別人的想法。

一想到迎面走來的凶神惡煞可能看我不順眼，我就嚇得魂飛魄散。

同事說今天有事、不能跟我去吃飯，我就覺得他會不會是討厭我，才藉故拒絕我的邀約。

我知道自己想太多了，卻無法停止猜測別人的心情。

搭電車時，只要旁邊的人看我一眼，我就覺得他在心裡嘲笑我；隔壁的人腿張太開，我就覺得他是看我好欺負，故意找我碴。

我也試過閉上眼睛，這樣就看不到身邊的人了。沒想到一閉上眼睛，腦中就不斷浮現公司的討厭鬼，一想到他有可能瞧不起我的工作能力，我的心情就盪到谷底。

我很想無所謂，但真的無法不在意。

我從小就是這樣，因為怕爸媽生氣，所以不斷揣測他們的心情；因為怕被同學排擠、怕不被師長所喜，所以一直猜測他們的想法。

然而愈是在意這些，我就愈是緊張，每天都活在「我是不是被討厭了？」的恐懼當中。在這樣的情況下，根本無法跟人建立良好的關係，在家如此，在學校也是如此。

所以我一直有個願望，那就是「希望自己能不在意別人的看法」。然而天不從人願，我就是做不到，每天都活在提心吊膽之中。

不想重蹈父母的覆轍

從小爸媽就不斷叮嚀我：「做事要考慮別人的感受。」而他們也以身作則，非常「顧慮」他人的感受，只要有人在他們面前裝可憐，他們就會情緒失控（同情心氾濫），出手相助，結果對方非但不感謝他們，反而還會反咬他們一口。

從小到大，這類事情我見多了。所以我從小就告訴自己，絕對不要吃這種「情緒虧」。

然而，當我回過神來，才發現自己一直在走父母的老路。我總是在揣測別人的想法，導致心情受到影響，不斷討好對方，但是這些人根本就不感謝我，還忘恩負義地出賣我。所以我愈來愈害怕與人相處，戰戰兢兢，謹慎小心，心房也關得愈來愈緊。

一旦不再信任別人，就會開始胡思亂想，覺得別人都對自己有敵意、做任何事都懷有目的，以致於在人際關係上變得更加保守而膽怯。

而我為了不被別人討厭，只好假裝自己是個好人，只要對方露出傷腦筋的表情，就理所當然地幫忙他。

我無時無刻都在揣測別人的情緒，幫忙別人似乎成了一種義務，最後變得跟爸媽一樣，不斷重複「同情心氾濫→好心被狗咬」的循環，變得愈來愈討厭自己。

這是個「強迫連線」的社會

身處資訊社會，人們時時活在「被人批評」的恐懼之中，心情也特別緊繃。

當身邊的人很緊張，你也會跟著不知所措。為什麼呢？因為大腦會模仿別人緊張的情緒，以致陷入相同的狀態中。

我認為人腦之間就像Wi-Fi一樣可以互相連線，彼此溝通。假設**大腦會與周遭的人「自動連線」**，搭電車時，同一節車廂的乘客就會影響彼此的情緒。

搭乘大眾運輸工具時，你是否也有過突然心情不好、一點小事就讓你心浮氣躁，又或是莫名其妙想起過去「爛事」的經驗呢？

如果乘客個個都心平氣和，你自然也是心如止水。

要注意的是，有時候乘客表面上看起來沒事，心裡卻充滿了怨氣、批評等負面情緒，導致你也跟著陷入不愉快的泥沼之中。這也是搭車搭到一半，心情突然盪到谷底的原因。

即便你是千百個不願意，大腦也會自動跟周遭的人連線，導致情緒受到影響。

只能說，在這個緊繃的時代，要控制情緒實在是難上加難。

Column

原來大家都是「情緒泥沼」中的夥伴

大學攻讀心理學時，我一直為自己情緒不穩所苦，覺得自己的心很醜陋。

有一次，老師在課堂上當著大家的面，訓斥我要把課本讀熟。我覺得自己好沒用，一想到這件事就沒辦法專心念書，只有在考試前才臨時抱佛腳。

平時不用功，考試成績當然慘不忍睹，最後就是不斷重蹈覆轍，陷入惡性循環之中。

看到以前一起吃過飯的同學加入別的小團體、跟別人聊得樂不可支，我就會陷入愁雲慘霧之中，覺得自己又被討厭了，這也沒辦法，誰叫我這麼醜陋呢？

「因為情緒容易波動所以成績不好」——這聽起來實在很像在找藉口，但當時我真的為此煩惱不已。只要情緒一受到影響，我就完全無法念書，即便連續好幾天熬夜看書，成績也毫無起色，這讓我痛苦萬分，不知如何是好。

就在這時，一群宿舍哥們兒似乎注意到我的異狀，特地來房間找我，邀我去看電影。

我告訴他們，我功課跟不上，沒辦法出去玩。他們反問我：

「我們看你總是在念書，怎麼會跟不上呢？」

那一瞬間我真的好想哭，但還是拚命忍住眼淚老實回答道：

「因為我一直想到不愉快的事，一想到教授的態度、周遭朋友的一些事情，我就控制不了情緒，完全無法專心。」

沒想到，宿舍同學居然說：「我也是耶！」一個人告訴我，他經常滿腦子都是女朋友的事，根本無心念書；另一個則說，他一想到跟父母之間的問題就很糾結。

聽著聽著，我不禁熱淚盈眶。**原來為情緒所苦的不只我一個！大家都是深陷「情緒泥沼」中的夥伴。**

那是我第一次將人視作「夥伴」。以前我一直覺得自己很沒用，怎麼會為了這點小事就情緒失控，那次我才知道，原來大家都一樣，我並非孤單一人！神奇的是，在那之後，即便我情緒不穩，也能夠專心念書了！

2

拒絕「情緒暴走」：心平氣和速成法

表情對了，心就穩了!!

情緒是被周遭人「暗示」出來的？

記得有一次，我早上起床後原本通體舒暢，到公司後卻被同事說：「你的臉色不太好耶！」

被這麼一說後，我開始懷疑自己最近是不是有點睡眠不足，身體也變得沉重起來。看到同事一臉擔心地說：「別太勉強喔！」腦袋就更昏沉了，甚至出現發燒的感覺——別懷疑，**「心理暗示」的力量就是如此強大。**

後來我完全無法專心工作，覺得有些呼吸困難。我想大概是因為最近太累感冒了，索性去看了醫生。

進入候診室後，同事的「暗示」逐漸失效，我又恢復成一尾活龍。醫生幫我檢查一番後說：「你沒怎樣啊！」我這才意識到自已被「下咒」了，那些病痛根本就是被暗示出來的，當下真是後悔得要命。

「人言」可畏，三兩句話就能讓你頭昏腦脹、渾身痠痛。

不過，這些人並不是為了折磨我們才出言暗示的（應該啦）。這只是他們打招呼的一種方式，為了讓你覺得他在關心你，才故意說你臉色不好。然而言者無心，聽者有意，接收到暗示後，這些話也就瞬間成真了。

「情緒」也是一樣，別人簡單的幾句話，就能控制你的喜怒哀樂。

有一次我很認真在想事情，一個朋友看到我表情凝重，便問我說：「你心情不好喔？」

我回答：「沒有啊，我沒有心情不好。」他又說：「明明就有。」後來我真的火了，有點生氣地反駁道：「就跟你說我沒有心情不好了！」

「看吧！你明明就心情不好！」

「還不是因為你一直煩我！」那一瞬間我再度確信，人的情緒真的是被暗示出來的。

你是否有過這樣的經驗呢？明明沒有在生氣或難過，卻被人冠上「莫須有的情緒」。人總習慣從別人的表情中尋找端倪，擅自決定這個人當下的情緒，很多時候他們只是會錯意，卻還是很有自信地告訴你：「你就是在生氣！」聽他們說得這麼肯定，喜怒哀樂也隨之受到擾亂，自動萌生怒氣。

找回情緒的主導權：「故作表情法」

當別人對你冠上「莫須有情緒」時，其實不用急著否認，因為就算你反駁了，他們也只覺得你在嘴硬，這樣反而更容易「中招」，陷入對方的暗示之中。

言語暗示的力量非常強大，只要有人對你說：「你是不是在生氣？」你就會開始懷疑自己，是不是心有怒氣而不自知。而愈是刻意否認，愈容易深陷其中。

其實，**當有人覺得「你在生氣」的時候，我們就已在所難逃，因為只要他有這樣的想法，暗示機制就已被迫啟動。**

為什麼呢？因為人腦會互相連線、彼此模仿，強迫接收對方的喜怒哀樂。

那麼問題來了，我們該如何不受「暗示」影響，保持心平氣和呢？

答案就是「以其人之道，還治其人之身」——反利用「心理暗示」的力量。

我將這招稱為「**故作表情法**」。

如前所述，人習慣從表情中尋找端倪，擅自編造故事，決定他人當下的情緒。

舉個例子，有天開會前，主管很認真地在閱讀會議資料。B看到主管一臉凝重，便主觀地認為主管是因為他們業績不佳在惱怒，而主管的大腦也接收到他的暗示，情緒開始產生變化。

其實主管並沒有生氣，他只是昨天晚上熬夜看小說，眼睛有點痠澀罷了。

這件事一傳十，十傳百。當整個小組都認為主管在不高興時，主管也莫名心浮氣躁了起來，甚至開始抖腳。

下屬見狀，更確信自己的猜測沒錯，而主管看到他們畏畏縮縮的態度，情緒也受到影響，終於忍不住大罵道：「你們到底在搞什麼鬼？」辦公室的氣氛也因此降至冰點。

為了避免陷入這樣的惡性循環，我們可以反利用「心理暗示」的力量，透過「**故作表情法**」找回情緒的主導權。

比方說，在閱讀會議資料時**刻意面帶笑容**。

無論有沒有人在看你，「笑」就對了！而且要愈誇張愈好，笑得像撲克牌上的小丑一樣。

看到這裡一定有人心想：「笑得這麼誇張，人家會不會覺得我有病啊？」然而事實上，這麼做別人才感受得到你的「笑意」。剛開始人家可能會覺得你怪怪的，但相信我，很快就會習慣成自然。

只要面帶笑容，下屬就會認為你「遇到了什麼好事」，一旦你的大腦接收到這些暗示，再怎麼愁雲慘霧的心情也能瞬間煙消雲散。

在下屬的「暗示」之下，以往開會前總是心情格外沉重，令人提不起勁。殊不知，只要故作笑容，就能一掃情緒陰霾，就連會議資料讀起來也特別簡單易懂。這樣的連環作用，是不是很有意思呢？

在讀下屬提交的資料時，你是否也有讀到頭昏腦脹、怎麼讀都讀不進去、想要大發雷霆的經驗呢？這也許也是「心理暗示」惹的禍喔！

倘若你一臉凝重，下屬就會以為你覺得他們資料做不好。相反的，倘若你滿面笑容，他們就會覺得自己的資料做得井井有條，你對成果也相當滿意。接收到這樣的「暗示」後，不但心情轉好，腦袋也更清楚了。

一個簡單小動作，職場氣氛就會大不同，趕快善用「心理暗示」的力量吧！

故作表情，重新建立自信

其實不只「笑容」，建議各位可在上班時故作各種表情，你會發現，不但自己的情緒將出現變化，周遭人的反應也會隨之起伏。

比方說，誇張的笑容能吸引周遭人主動跟你搭話，「你看起來心情很好呢！遇到什麼好事啦？」這類話語具有神奇的力量，令人精神倍足，幹勁大增。

或者，你可以故意**皺起眉頭，做出「生氣」的表情**。這麼一來，別人自然不敢靠近你，有些人還會怯怯地過來打探：「你是不是心情不好？」奇妙的是，被這麼一問後，你還真的開始心浮氣躁了！不過，別忘了你只是在「裝模作樣」，可別把這份怒氣當真囉！

看到別人一副煞有介事的模樣，你是不是也有點想笑呢？這時可千萬別「破功」，只要再繼續做幾個表情，你就能慢慢掌握情緒了！

接下來，你可以刻意回想悲傷的事，做出「**難過**」**的表情**。

這麼一來，周遭的人可能會紛紛過來關心慰問你：「怎麼了？發生什麼事了嗎？」聽到這些溫暖的話，你的心情也會隨之軟化，想尋求他人的慰藉。

一開始只是為了「實驗」而故作悲傷，卻因為他人的慰問而真的悲從中來，可見人的情緒多麼容易受到影響。

做完這個實驗你會發現，**原來我們的情緒，是經過周遭人解讀表情後「暗示」出來的**。結論就是，並非你脾氣差，也非你度量小，而是別人的「會錯意」，成了我們的「真性情」。

有時你根本沒怎樣，只是表情比較嚴肅一點，其他人就在大腦中想像出「焦慮」、「憤怒」、「害怕」等情緒，對你的大腦做出暗示。

「故作表情法」能幫助我們釐清情緒的暗示機制，讓你明白，原來情緒是受到他人影響才不聽使喚。

幾次下來，你會發現情緒比想像中更好掌控，進而變得愈來愈有自信，重拾情緒的主導權。

故作表情，簡單改變心情

一般都認為「開心才笑」。但其實，即便不開心，故作笑容也能讓大腦「會錯意」，分泌快樂激素，萌生好心情。

活動顏面表情肌能促進大腦分泌激素，簡單轉換心情。

假設你覺得某個同事很煩，不想跟他講話，所以就臭臉相對以表不耐煩，這樣會發生什麼事呢？

對方接收到你的「暗示」後，就會開始說一些煩人的話，害你更加煩躁，最後吃虧的還是自己。

神奇的是，如果你這時揚起嘴角，露出**「笑容」**，他說的話就會變得非常有意義。

為什麼會這樣呢？因為當我們露出「笑容」時，大腦會分泌提升專注力的激素，自然較容易明白對方想說什麼；而當露出**「不耐煩」的表情**時，大腦就不會分泌這種激素。

你們公司也有那種讓人不想與他共事的討厭鬼嗎？建議你下次可以在他面前露出誇張的笑容，在內分泌的作用下，也許會對他改觀也說不定喔！

活動顏面表情肌、促進大腦分泌激素還有「刺激想像力」的功效，較容易與人引發共鳴。

對枯燥乏味的工作感到厭煩了嗎？除了露出誇張的笑容，建議你也可以「故作正經」——癟起嘴角，撐開眼皮，做出「我超認真」的表情。這樣的表情可刺激激素分泌，提升專注力，趕走心中的倦怠感，上班不再興致缺缺。

雖說這個方法因人而異，但做出憤怒的表情可刺激大腦分泌緊張激素，加快心跳速度，促進血壓上升，藉此振奮精神。

看到這裡也許有人心想：「做出生氣的表情？那情緒恢復不了怎麼辦？」別擔心，之後只要露出「笑容」，心跳速度就會一口氣下降，讓情緒穩定下來。如何？用表情操作內分泌激素是不是很有趣呢？

盡情沉浸在情緒之中：「誇飾表情法」

V對公司裡的某人厭惡到了極點，然而那個人卻時常陰魂不散地出現在他的腦海裡，他因而來找我進行心理諮商。

我請V在鏡子面前練習「厭惡」的表情。每當想起那個人時，就立刻做出該表情，沉浸在厭惡的情緒之中。

後來V又來了，他笑咪咪地告訴我：「這個方法真是有意思。」剛開始做表情時，他整個人都沉浸在負面情緒之中。沒想到，等表情做僵、做累後，心中那股厭惡感竟然也隨之消失，甚至覺得……那傢伙好像人還不錯。

以前他看到那人的臉只想吐，現在卻覺得他看起來慈眉善目，相當順眼。

他還說：「人的情緒其實只存在那麼一瞬間。」正因為我們想要控制稍縱即逝的情緒，才會久久無法忘懷，但其實若能鼓起勇氣「沉浸」在情緒之中，反而很快就能恢復平靜。

人體為了將身體維持在一定的狀態，本就具有「恆常功能」。內心也是一樣，當情緒出現波動時，不用做什麼就能恢復平常心。

問題就在於，**很多人只要心情一受到影響，就急著想要「補救」，試圖控制情緒**。

這麼做反而會破壞「恆常功能」的平衡，造成負面情緒激增。而愈是想要壓抑這些情緒，恆常功能的反作用力就愈大，導致情緒進入「亂舞狀態」，久久無法消除心中的不愉快。

所以說，當情緒暴走時，無須刻意壓抑補救，只要做個誇張的臭臉，讓自己沉浸在厭惡之中，內分泌物質就會自動啟動「恆常功能」，恢復心中平靜。下一秒也許你就會覺得：「咦？好像也沒啥好氣的嘛！」

表情愈誇張，心情愈平靜

當你發現自己情緒失控時，請先釐清自己現在是何種心情。如果是**「憎恨」**，請做出一個「很恨」的表情，然後你會發現，自己**突然間就不恨了**。

如果還是恨意難消，請接著做一個「恨到極點」、「恨死他了」的表情，表情愈誇張愈好，藉此刺激「恆常功能」正常運作，使內心自動恢復平靜。這麼一來，即便想恨也「恨不起來」了。

我遇過一名主管，他經常在公司被下屬氣得火冒三丈，回到家情緒仍無法平復，不斷在心中抱怨：「真沒家教！」「懂不懂得敬老尊賢啊！」

在來找我諮商前，他總是在家裡「借電視消愁」。後來我將「誇飾表情法」傳授給他，請他如果在家裡想到討人厭的下屬，就立刻**做出「恨到極點」的表情**。如果家人問他在幹嘛，就說在做「臉部操」。

不斷做出跟「臉部操」差不多誇張的表情，其實是件很累人的事。

該名主管擠眉弄眼一番後，面部肌肉疲累不堪，自然沒精力想那些有的沒的了。以前他在公司碰到那名下屬就悶悶不樂，覺得對方不懷好意，但自從開始做「臉部操」後，那人也不再如此面目可憎了。

笑容不夠誇張，小心別人會錯意！

有一次我很認真地聽客戶說話，對方卻突然大發雷霆道：「你有沒有在聽啊！」當下我只覺得委屈，我明明就很認真啊！他怎麼會這樣覺得呢？心情也隨之盪到谷底。

我百思不得其解，是我回應的方式不對嗎？還是太專注在做筆記了？他為什麼會覺得我心不在焉呢？

後來我猜測，他會不會是不擅辨別表情呢？於是我拿「表情確認卡」對他進行測驗，果然不出所料，他對「面無表情」的認知是「對方在生氣」。

這個例子告訴我們，**正如每個人對顏色的認知不同，對表情的認知一定也有所差異。**

他看到我認真凝重的表情，下意識地認為我在生氣，覺得我不把他當一回事，我的情緒也因此受到影響。

後來我在幫他諮商時，都會刻意露出誇張的笑容，而他也因此對我打開心房，跟我分享他的故事。

這讓我非常驚訝，沒想到每個人對表情的認知可以差這麼多！

以這名客戶來說，他完全無法接受我平常的表情，卻能接受有如小丑一般的誇張笑容。

一樣米養百樣人，說得真是一點都沒錯。這次經驗讓我明白，每個人對表情的認知可說是天差地別，在某些人面前若不笑得齜牙咧嘴，很容易招來誤會。

表情夠誇張，家庭溝通更順暢

古時候的「爸爸」在家總是寡言少語、面無表情，家人只能默默揣測「爸爸」的心情。也因為這個原因，「爸爸」就是一家之主，他什麼都不說，家人就覺得他是個偉大的父親，為了養家而認真工作；他板著一張臉，家人就會推測他在出謀劃策，思考這個家的未來。

然而，進入資訊時代後，「爸爸」在家中的地位可就大不如前了。現在的爸爸工作內容都透明公開，他知道的事家人也知道，妻小已無法像古人一樣，單方面地解讀「爸爸」的情緒。因此，**面無表情只會遭人嫌棄，覺得你這個人真難懂**。

有個爸爸他上完一整天班，回到家已累個半死，只希望家人能「識相」一點，從表情察覺他的辛苦與難處。然而，現在的孩子大多不太懂得「察言觀色」，無法解讀出爸爸表情的微妙之處。於是，他開始看妻小很不順眼，覺得他們在家無所事事，白吃白喝卻又滿口抱怨，真是煩人。

受到「煩人」的情緒暗示，該名爸爸每天回家都感到心浮氣躁，家人也因此經常受到「流彈」攻擊，整個家被負面情緒所包圍。然而，這位爸爸卻自認非常委屈，自己為了養家每天累得筋疲力盡，為什麼家人都不願體諒他。

聽完他的情況，我建議他執行「誇飾表情法」，模仿鬼牌上的小丑，露出齜牙咧嘴的笑容。

他聽了有些不以為然：「為什麼我必須在家做這種怪事呢？」我告訴他：「你就當在鍛鍊臉部肌肉吧！」

以前他很不喜歡跟老婆聊天，因為老婆永遠都在抱怨小孩跟錢不夠用的事。然而，自從執行「誇飾表情法」、學會用笑臉回應老婆的話題後，老婆竟不再滿口抱怨了。見到老婆可愛的笑容，他心中也放鬆許多，工作的疲憊全都不翼而飛。

不僅如此，孩子也主動來跟他商量升學的事，要是以前的他肯定會破口大罵：「這麼重要的事怎麼不早點來跟我商量呢？」但他並沒有這麼做，而是面帶笑容以對。這麼一來，孩子的未來也變得精彩可期了！

由此可見，與家人溝通時，「表情」是非常重要的！

到位的溝通有助心情穩定

在聽別人說話時，應配合情緒做出各種表情，才能使溝通更飽滿、更到位。

以前我秉持「喜怒不形於色，心事勿讓人知」的精神，聽人說話時總是面無表情，不把情緒寫在臉上，就怕別人看穿我的心思，讓人有機可乘。

但是後來我發現，如果你**聽不懂對方說什麼**，只要把臉皺成一團，做出吃到酸梅般的表情，對方就會主動說明細節，說到你聽懂為止。

了解對方說什麼後，若露出觀賞魔術時的驚喜表情，對方就會喜出望外，滔滔不絕地繼續說下去。

在聊較私密的內心話時，若能面帶笑容聆聽，更能與對方建立互信關係。

以前我為了保護自己而刻意擺一張撲克臉，每次聽不懂對方說什麼就心裡一把火，覺得對方說得不夠清楚，又或是無心跟我深聊，以致情緒暴走，最後搞得心情更糟。

然而，自從我開始執行「誇張表情法」後，反而覺得撲克臉有礙溝通。

過程中我發現，只有做出到位的表情、傳達出自己的情緒，才能夠保持心平氣和，不讓情緒受到對方影響。

心情穩定下來後你會發現，你們更信任彼此了，而日子一久，這樣的「信任感」就會昇華成「共鳴」。

「誇飾表情法」實踐篇：生氣時露出小丑的笑容

接下來，請各位實際試試看「誇飾表情法」，感受活動表情肌後內分泌的變化狀況。

生氣時，請揚起嘴角做出**「笑」**的表情，活動嘴角肌，倒數十秒後放鬆，看看是否能夠消氣。

一位女客戶告訴我，公司有個A女經常當面批評她，像是「妳怎麼連這點小事都做不好」之類的，而且每次都獨獨針對她，讓她怒火中燒。

也因為這個原因，每天早上上班前她都很掙扎，甚至到了「舉步維艱」的地步，一週要遲到好幾天。而A女每次看到她遲到都滿口酸言酸語：「哇！睡那麼晚喔？有些人還真好命耶！」氣得她七竅生煙。

我告訴她，只要想起A女，就秉持「愛笑不會老」的精神，笑個十秒鐘。**放鬆表情肌後，她果然不那麼在意A女了。**

她在搭巴士上班時，偶爾還是會想起A女討人厭的行徑。不過，只要當下「鍛鍊表情肌」，笑個十秒鐘，一切就會煙消雲散，去上班也不再痛苦了。

後來只要A女對她惡言相向、酸言酸語，她就會立刻使出**「笑容法」**，心態也因此出現了改變。她發現自己不再拘泥於A女的行為，甚至懷疑A女是因為想跟她當朋友，才用這種方式引起她的注意。

心情不美麗時，只要笑個十秒鐘，一切都能雲淡風輕。神奇的是，過了幾天後，A女竟主動對她示好，不再說那些難聽話了。

不爽就全寫在臉上吧！

如果你的下屬「先斬後奏」，沒跟你報告就執行工作，你肯定是氣炸了吧？遇到這種情況，建議你用力皺起眉頭，使盡全力做出**「不開心」的表情**。

做了幾次後你會發現，根本不值得為那種人生氣，不氣也罷，最後想氣也氣不起來了。甚至還覺得，對下屬生氣只會讓他對你心生畏懼，工作起來綁手綁腳，何必幫自己找麻煩呢？只要他們把工作做好，一切都好談。

這招如何？是不是很有趣呢？內心若宛如止水，心胸也會跟著寬大起來，不會畫地自限。

你是否也曾懷疑另一半不愛自己了，因而暗自神傷呢？

才沒這回事呢！上次他不是還請我吃飯嗎？上次他不是還聽我訴苦嗎？——然而，無論你怎麼說服自己，卻還是控制不住自己的情緒，難過得說不出話來。

這種時候，建議各位可以用力癟起嘴角、垂下眼瞼，做出**「悲傷」的表情**。

慢慢地，你會發現自己不這麼難過了，甚至進一步釐清自己的心情——不是他不愛你，而是你不愛他了，之前的懷疑與難過，或許只是一種自我保護機制，害怕一旦「夢醒」，自己就再也無法跟他在一起了。

「表情」的世界可真是高深莫測！

鍛鍊表情肌肉，發現全新自我

我們的臉部有很多表情肌肉，進行「誇飾表情法」則有助鍛鍊這些肌肉。

然而，「情緒容易暴走的人」通常都有一個特徵，那就是遇到狀況時，不知該做出什麼表情。

因為這類型的人，一般都很努力配合對方的狀況做出反應，但其實，若不特別去配合別人，感情反而不易受到波動。只是要他們改掉「察言觀色」的習慣，也難以在一時半刻就達成，這時候，就是「誇飾表情法」派上用場的時候了。

比方說，如果你決定今天要鍛鍊笑肌，無論遇到什麼人、碰到什麼狀況，不用考慮太多，「笑」就對了。以前一點小事就能害你情緒失控，慢慢地你會發現，自己以前太在意別人的想法了，如今專注於鍛鍊臉部肌肉，天塌下來都奈何不了你。

剛開始練網球時，一般都是先進行揮拍等基礎訓練，練出肌肉後，再不斷重複正拍、反拍、殺球等動作，待身體習慣後，就能反射性地應對敵手的各種招式。

同樣道理，表情肌也需要「集中訓練」。只要今天專心練習笑臉、明天專心練習哭臉，一天練習一種表情，之後無論遇到什麼情況，臉部就會自動做出「該有」的表情。

不僅如此，活動表情肌還可促進大腦分泌平定情緒的激素，幫你解決情緒不穩的煩惱，生活不再愁雲慘霧，輕鬆做到控制情緒。

還等什麼呢？快來鍛鍊表情肌吧！

鍛鍊表情肌還能讓你發現新的自己。以前一點小事就能讓你氣生氣死、哭天搶地，現在卻有如脫胎換骨，心平氣和地處理各種大小場面。這前後的改變會讓人忍不住自豪：「沒想到我也滿有兩下子的嘛！」

學會掌握情緒可說是好處多多，以前總因為顧慮太多而綁手綁腳，**學會處理情緒後，就能發揮原本的實力**，讓你更有自信，勇於挑戰各種事物！

一個人有了自信後，表情自然更多變、更靈活，控制情緒也更加得心應手。

十秒表情運動：「樂、喜、怒、哀、厭」

在這裡教大家一個「十秒表情運動」。首先，對著鏡子做出一個「快樂得不得了」的笑臉，維持十秒鐘後放鬆五秒，再笑十秒鐘，共重複五次。

學會活動笑肌的訣竅後，就無須待在鏡子前，隨時隨地皆可進行。

做完誇張的笑臉後，依同樣方法做出「喜」、「怒」、「哀」、「厭」等表情各五次，鍛鍊表情肌。

學會**「厭惡」**的表情後，不開心時就可以用這個表情進行「誇飾表情法」，抒解負面情緒。

表情肌鍛鍊得愈「強壯」，情緒就愈難擾亂你的心房。慢慢你會發現，自己有如變了個人一般，不但情緒愈來愈少失控，還變得更有自信，待人處事八面玲瓏。

只要每天花點時間鍛鍊表情肌肉，就能讓你輕鬆掌控情緒，迎向全新人生！

3

拒絕「情緒暴走」：自我控制法

情緒都是幻覺，
嚇不倒我的！

你的眼淚為誰而流：這種時候不哭不行？

我小時候經常被笑是「愛哭鬼」，老是因為哭哭啼啼而惹父母師長生氣。

只要鄰居小孩笑我是「愛哭鬼」，我就會二話不說嚎啕大哭給他們看，也因為這個原因，他們總是以惹哭我為樂。然而，每次我大哭完都很納悶，只是被罵「愛哭鬼」有什麼好哭的？我到底為什麼要哭？

後來我才發現，我哭不是為了自己，而是為了媽媽。媽媽每次聽到人家罵我「愛哭鬼」都會很難過，我是因為覺得愧對於她，才哭得那麼傷心。

有次在外面哭完，回到家又因為貪玩而被媽媽「修理」。我為了讓媽媽心軟，故意在她面前哭得一把鼻涕一把眼淚。這時的眼淚並非出於「愧疚」，而是為了「自保」。

然而，媽媽看到我哭卻罵得更凶了，甚至還賞了我一巴掌，打得我鼻血橫飛。我這才發現，原來「眼淚」無法讓媽媽息怒，反而有火上澆油的效果。那天她簡直氣炸了，炮火一直延續到三更半夜。

後來我在幫一名女客戶諮商時，她突然熱淚盈眶地說：「我老公都不把我當一回事，我好難過……」

她說，自己每天都很努力地做家事、照顧小孩，老公卻一點也不感謝她的付出，甚至連聽她說話都不肯。說著說著，她的眼淚就這麼流了下來。

身為諮商心理師，有時我確實會被客戶的情緒感染而熱淚盈眶。然而，那次我只覺得奇怪，為什麼她要在我面前哭？

於是我問她：「不好意思，請問……妳還愛妳老公嗎？」

被這麼一問，原本嚶嚶啜泣的她突然抬起頭來：「咦？你怎麼知道我已經不愛我老公了？」

一問之下，才知道她平常跟鄰居太太抱怨老公時，都會故意流下幾行淚水，因為她覺得**這時不哭好像怪怪的**。

我這才恍然大悟，原來小時候的我跟她一樣，都是為了「滿足他人期望」而哭。

有人看就狂風暴雨，沒人看就天下太平。說來好笑，小時候的我跟眼前的她，眼淚都是流給別人看的。

你的怒氣為何而發：不生氣就沒威嚴？

「憤怒」也是一樣，你是否也曾「生氣給別人看」而不自知呢？

有一次我在超市排隊結帳時，被一個歐巴桑插隊。當下我覺得她很莫名其妙，但也沒特別生氣，然而一抬頭看到收銀員冷漠的眼神後，我突然感到怒火中燒，對插隊的歐巴桑罵道：「妳怎麼可以插隊？沒看到大家都在排隊嗎？」

那一瞬間，收銀區陷入一片寂靜。歐巴桑先是愣了一下，卻還是若無其事地繼續前進。**感覺到周遭人的視線，我心中的怒火愈燒愈旺**，最後終於忍不住破口大罵：「妳不要太過分了喔！」

事後我發現，我不是真的生那名歐巴桑的氣，而是當下若不發脾氣，就會被旁邊的人看扁。

收銀員看到我被插隊卻沒有反應，便對我投以輕蔑的眼神，那讓我感到非常煩躁，彷彿我若不發威，他就會當我是病貓似的。

還有一次，一名客戶告訴我，她發現男友背著她偷吃，但是她的口氣卻非常淡定，沒有絲毫憤怒與委屈。

這讓我感到匪夷所思，一般被人劈腿，應該都是怒火中燒、恨得牙癢癢的不是嗎？我光是想像自己被劈腿，就幾乎要情緒失控了，然而在這名客戶身上，我卻找不到任何「憤怒」的情緒。

後來我終於忍不住問她：「妳難道不生氣嗎？」她卻反問我：「為什麼被劈腿一定要生氣？」

我說：「因為對方欺騙了妳，妳不覺得自己被當白癡耍了嗎？」沒想到她回答：「他又不是為了騙我、要我才劈腿的，我為什麼要生氣？」這句話讓我無言以對。

她說得確實有理，另外，若我們生在一夫多妻的國家，這種事也就只是稀鬆平常。很多時候我們發脾氣不是為了自己，而是為了滿足他人的期望。

我這才發現，自己上次被插隊時大發脾氣有多麼愚蠢。

你的悲傷為誰而起：不難過就是冷血動物？

我的寶貝毛孩去世後，我難過了好一陣子，一想到牠就忍不住傷心。

我們每天都一起外出散步，牠總是跟前跟後，偶爾還會撲到我身上，要我帶牠上二樓睡覺。

牠的離開令我傷心欲絕，我既氣牠先我一步而去，又後悔牠在世時沒有多陪陪牠，心中百感交集，心情也因此盪到谷底。

那陣子我常出現「幻覺」，覺得牠就趴在我的身邊，腳邊有毛茸茸的觸感。然而，當我急忙低頭確認時，腳邊卻空蕩蕩的，什麼也沒有。

我心想，為什麼會難過成這樣呢？後來突然冒出一種想法：**「這種時候若不傷痛欲絕，那不就跟無血無淚的冷血禽獸沒兩樣？」**這讓我大吃一驚，難道說，我是因為不想被人視為冷血動物，又或是想快點忘了牠，才刻意放縱自己悲痛不已？

一想到這裡，我就覺得很對不起至今依舊在心中陪伴我的毛孩。

親人或寵物剛去世時，大多人都會在「喪失感」的驅使下悲不自勝，彷彿自己的一部分被剝奪了一般，難過得無法自拔。

當時我悲傷的情緒持續過久，心裡便產生了這樣的疑問——為什麼我會這麼難過？左思右想後我得到了一個結論，從小到大所有人都告訴我們：「死亡是一件悲傷的事。」所以我才會悲痛不已，並試圖藉由悲痛的情緒忘卻死去的至親。

想通後，我發現自己不需要難過了，因為我的寶貝還活在我的心中，無病無痛、自由自在地玩耍。

擺脫世俗眼光，掌控自我情緒

仔細想想，很多時候我們流淚、發怒都只是為了滿足他人的期望，才導致情緒暴走失控。

如果你哭，是因為別人認為你應該流淚；你怒，是因為別人希望你應該給對方一點顏色瞧瞧，那麼你真正的情緒是什麼呢？答案是「無感」。

就拿我痛失毛孩的例子來說吧。當時街坊鄰居都知道我的狗去世，我擔心自己若表現得不夠難過，會被三姑六婆拿來說嘴，所以每次出門都故意做出愁眉苦臉的表情。

公司的人看到我一臉愁容，紛紛對我投以關懷的眼神，而我也趁勢提升我的印象分數，向大家「宣傳」我是個疼愛寵物的好男人。

在這樣的情況下，**我難過得不可自拔，偶爾甚至會情緒失控**：「寶貝你怎麼就這樣走了！」這實在非我所願，但我就是無法控制自己的情緒。

因此，擺脫世俗的眼光、探索自己的**「真感情」**是非常重要的。

若今天不考慮世俗的眼光，同事故意找你麻煩、歐巴桑插你的隊，你有什麼感覺呢？跳脫框架、坐壁上觀後，你會發現自己其實一點都不生氣，甚至覺得「干我屁事」。

相反的，若你擺脫不了世俗的眼光，情緒就會隨之大起大落，一腔怒火無從宣洩。

建議各位要做出反應之前，請先探索自己的內心世界，釐清自我情緒。這麼做你會發現，其實根本沒什麼好氣好哭的，一旦情緒不受到波動，內心自然風平浪靜。

心平氣和口訣

一個陰雨天，Z撐著傘走在路上，一個撐著透明傘的老頭迎面走來，不但絲毫沒有讓路的意思，還一副「擋我者死」的囂張態度。

遇到這種狂徒，相信大家都會火冒三丈吧。

Z也一樣，而且他的情緒還進一步受到影響。覺得別人一定是把他當「病貓」，才對他這麼沒禮貌。

一想到自己成了「病貓」，Z就覺得所有路人都在看著自己，幾個類似的不愉快回憶也瞬間佔據心頭，令他怒火中燒。

看到這裡也許有人心想：「只不過跟一個沒禮貌的老頭擦身而過，有那麼嚴重嗎？」是的，就是那麼嚴重，**一個短暫的擦身而過，就能讓人情緒如泉湧**。

在這裡要教大家「心平氣和口訣」。因小事而怒不可抑時，請問問自己：「我想被別人牽著鼻子走嗎？」在心中默唸或唸出聲都沒關係。以上述撐傘老頭為例，你可以想想他與人衝突對罵的樣子，這麼做之後你會發現，其實你並非真的生氣，只是被他拉進「憤怒者聯盟」罷了。

只要懷抱著這樣的想法，你定能面帶微笑地讓他先過，因為你並不想跟他一起「同流合汙」。這麼一來，就不會被老頭影響情緒了。

Y有個同事，跟別人說話都俯首稱是，唯獨對Y毫無耐心、吐槽連連，有次甚至在Y跟他說明工作內容時，直接指出Y的錯誤，害得Y心浮氣躁。

於是Y在心中問自己：「我想被別人牽著鼻子走嗎？」

他這才恍然大悟，自己之所以滿肚子火，是因為**在世俗的認知中，受到無禮對待就「應該要」生氣**。

釐清情緒後，Y瞬間冷靜了下來，也不再拘泥於被當面糾正的事。如果自己做不好，那就把工作交給更適合、更有能力的人做吧。

把工作交給其他同事後，居然難得準時下班，在歸途電車中他忍不住心想：「不用『隨波逐流』的感覺真好。」

你的情緒也被同事牽著走嗎？

接下來我要跟大家分享S的故事。

S在公司不斷被同事扯後腿，同事不但將失敗全歸咎於她，還向上司打小報告，害得她加班的時間與心力全數付諸流水，還有可能因此被砍年終獎金。

這讓S非常難過，不禁怨天尤人了起來：「為什麼我總是這麼倒霉？」她向朋友訴苦，朋友卻勸她說：「趕快辭掉工作吧！此處不留人，自有留人處，何必待在一個不看重妳的地方呢？」這番話讓她更傷心了，原來公司根本不看重自己。

之後S信心全失，覺得自己無法勝任這份工作。後來她試著唸了「心平氣和口訣」——**「我想被別人牽著鼻子走嗎？」**這才發現，**她只是受到同事和朋友的影響才情緒不穩**，實際上根本沒什麼好難過的。

S之所以拚了命地工作，是因為她想跟其他同事一樣受到公司的重視。然而事與願違，她的努力並未受到公司認可，這讓她非常難過，情緒也有如脫韁野馬一般，一發不可收拾。但唸完「心平氣和口訣」、仔細思考一番後，她發現自己其實不想跟其他人一樣，為了獲得認同而加班到深夜，根本就毫無意義。

後來她終於突破自己心防，不再強迫自己加班。奇妙的是，自從她每天準時下班後，公司反而對她青睞有加。

原來，公司之前不看重她，是因為她加太多班、加班費太高了。她這才明白，之前自己為了「不受公司重視」而難過不已有多麼愚蠢。

「挑撥」的威力

一個女主管M告訴我，她特別照顧某個下屬，常常請他出去吃飯。

每次飯局結束後，那名下屬總會跟M說：「跟前輩您一起吃飯令我受益良多。」這讓她非常有成就感，覺得自己是個成功的上司。然而有一次，某個同事卻告訴M，那個下屬在背後批評她很囉唆又煩人。

後來有不少同事都告訴M，那名下屬到處說她壞話，說M經常拿他出氣，對他頤指氣使。

M簡直氣炸了，也為此對人性感到失望至極，覺得這世上無人可信。

「面前裝笑臉，背後打我臉……實在太可惡了！我絕對饒不了這種雙面人！」

M覺得自己被擺了一道，怒火中燒的她完全無心工作。為了平息怒氣，她試著問自己：「我想被別人牽著鼻子走嗎？」問完後她覺得自己好傻，這句話跟這件事有什麼關係？但隨後突然靈光一閃，那些向她「告密」的，好像都是平時對她特別「眼紅」的人。

在一般認知中，「說主管壞話＝卑鄙小人」。**那些人不懷好意，故意用「一般認知」挑撥M的團隊關係。**

「我想被別人牽著鼻子走嗎？」——「心平氣和口訣」讓M明白，自己不想被別人牽著鼻子走、不想跟其他人同流合汙。

於是，她立刻把下屬叫來問個清楚：「你對我心有不滿就算了，怎麼可以跟其他小組說我壞話呢？」下屬一臉愧疚地回答：「對不起，那天我不小心喝多了，才會胡言亂語……」

M這才想起，這名下屬喝醉後經常口不擇言。她很慶幸自己有問清楚，否則因為醉話而受人挑撥、打擊到團隊士氣就糟糕了。事後，M心有餘悸地告訴我：「人的情緒真的很容易受到挑撥呢。」

「真感口訣」

有次我帶小朋友去公園玩，在草皮上鋪好野餐墊後，讓小朋友在旁邊踢球。過了一會兒，有家人向我們走來，將野餐墊鋪在我們隔壁。

他們的行為令我有些反感，這座公園這麼大，為什麼硬要跟我們擠？這樣我的小孩要怎麼玩球？撞在一起怎麼辦？

難得的大晴天，久違的公園行，我實在不想破壞這美好的心情。於是我在心中默唸：**「我真正的感覺是什麼？」**不用真的去思考，只要默唸即可。

唸完後，我的腦中浮現出一個念頭：**「我的工作必須照顧別人，所以不想連假日都要『看人臉色』。」**

看到那家人到我們旁邊鋪野餐墊時，我確實感到很不耐煩，但在那一瞬間，腦中也不自覺閃過許多「照顧他們」的念頭，像是「需要幫他們固定野餐墊嗎？」「要不要打個招呼？」「要不要主動跟他們聊天示好？」……真是累死人了。

所以，我真正的感覺是：「我假日只想好好休息，不想跟外人交際！」要做到這一點很簡單，只要「不跟他們交際」就可以了。釐清想法後，原本的煩躁感也不翼而飛。

大多人都知道自己為何而生氣，**然而在情緒失控時，通常都會誤判原因**。若不抽絲剝繭、釐清真正的「怒源」，是無法重新掌控情緒的。

你真的明白自己為何怒火中燒嗎？建議各位在生氣時，可在心中默唸：**「我真正的感覺是什麼？」**只要默唸這句話，大腦就會自動釐清原因，然後你就會發現「此怒非彼怒」，相當有趣。

一旦知道自己在氣什麼，怒氣就會瞬間消失。而且，這個口訣本身就有撫平情緒之效，默唸後不一定要得到答案，氣憤也會煙消雲散。

因此，即便你無意知道答案，只要默唸「真感口訣」，心情也一樣能平靜下來。

悲傷欲絕時請善用口訣

我認識一位太太L，她聽說朋友喪夫守寡後，開始想像老公有天因病先她一步而去的景象，因而感到非常難過。

一想到自己平常沒有特別疼愛老公，L就後悔不已，早知道就對老公好一點。事實上，L的老公還活著，喪夫的是她的朋友，一切都只是L的想像罷了。

一連串的情緒反應讓L非常緊張，光是「想像」就讓她悲痛欲絕，以後老公真的走了該怎麼辦？

這時她便唸了「真感口訣」——**「我真正的感覺是什麼？」**唸完後，L第一個浮現的念頭是：「沒關係！反正我有幫老公保險！」她這才意識到，剛才的悲痛、為朋友流的眼淚是多麼愚不可及。

想到這裡，L又更緊張了：「我怎麼會這樣想呢？難道我希望老公趕快死嗎？」於是她又問了一次自己：「我真正的感覺是什麼？」後來大腦告訴她：「妳對老公沒有特別的想法與感覺。」

L這才放下一顆心，她並沒有希望老公趕快死，而是**「無感一身輕」**。

人有時會將自己代入他人的狀況、想像他人的情緒，進而陷入悲傷之中。

L的例子就是如此，她將自己代入了朋友的狀況。L並不知道朋友是怎麼想的，卻一味認定，如果今天守寡的是自己，一定很後悔以前對老公不夠好。光用想像的，就讓她悲不自勝。

一般都認為「喪夫喪妻是件悲傷的事」，而L就是以世俗的想法為出發點，編織出這一系列的哀傷故事。

還好她即時問了自己：「我真正的感覺是什麼？」才跳脫了世俗框架，成功釐清自己的思緒。像這種因「世俗認知」而悲傷的狀況，通常都是一場誤會，有時還會自己火上加油，**覺得「這樣不**

夠難過」，進而構想出更惹人悲傷的情節。

遇到這種情況時，只要一句「真感口訣」，就能釐清情緒，將暴走的情緒拉回正軌。

痛苦不堪時請善用口訣

P經常隨口答應工作，導致待辦公務堆積如山。他日夜兼程地趕工，早上提早起床，拚到深夜才上床睡覺，卻還是無法在期限內交出成品，熬夜讓他筋疲力盡，早起也因此成了一種煎熬，令他痛苦不堪。

若繼續硬撐下去，P擔心自己會悶出病來。他很想就此擺爛，但又怕別人知道了，會說他不守信用，打腫臉充胖子。

一想到這裡，他的壓力就更大了，心情也因此惴惴不安。

這時P試著問自己：**「我真正的感覺是什麼？」**這才發現，自己根本「沒感覺」。

P感到很納悶：「手邊的工作都快做不完了，怎麼可能沒感覺呢？這也太奇怪了吧！」一想至此，他才恍然大悟，自己是被世俗對「奇怪」的定義給限制住了。

一般認為，早上提早起床工作很奇怪、工作擺爛很奇怪，這些「奇怪」有如束縛一般，將他牢牢困住。

遇到這種情形時，只要默唸「我真正的感覺是什麼」，即可跳脫世俗的框架，確認自己真正的想法。P唸完後，發現自己其實非常淡定，按部就班地完成每一項工作。

他以為自己很痛苦，但其實一點都不，反而相當樂在其中。

跳脫世俗的框架讓P重新認識自己，原來一一消滅工作能讓他如此快樂，之所以會「以為」自己痛苦不堪，只是受到「世俗認知」的影響罷了。

你也被「兒時暗示」給束縛住了嗎？

「世俗認知」會影響情緒，「暗示」也具有同樣的影響力。

有一次我難得到便利商店買午餐，因有點趕時間，所以在結帳時選了人較少的櫃檯排隊，沒想到卻被店員厲聲喝止：「那位先生！你沒看到其他人都在排隊嗎？」這時我才注意到地上寫著一行標語：「排隊請勿超越紅線！」而所有人都排在紅線後方。

當下我覺得丟臉到差點掉眼淚，只想把便當一丟就逃出便利商店。我只是沒看到標語，又不是故意插隊，他有必要那麼凶嗎？為什麼我那麼倒霉？

遇到這種情況，一般都認為我「應該」要義憤填膺、表達出自己的委屈吧？當時旁邊的客人也對我充滿了「期待」，散發出一種「這個店員講話這麼沒禮貌，你應該給他一點顏色瞧瞧」的氣息。當下的氣氛告訴我，**這已經不是我一個人的事了**。

我立刻問自己：**「我真正的感覺是什麼？」**腦中卻只浮現出一句話：「沒用的愛哭鬼！」

剛才的我，就像一個被大人責罵的幼稚園小朋友，含著眼淚只想逃離現場。

可是我已經是個大人了，不過被店員唸了一句，怎麼就像小朋友一樣委屈得想哭呢？

那種感覺就像被人催眠、下了心理暗示似的——「如果店員罵你，就退化成幼稚園小朋友！」

我又問自己：**「這是誰給我的暗示？」**腦中立刻浮現出幼稚園老師的名字。我對那名老師印象深刻，因為那名老師經常把我罵哭，然後又數落我：「你怎麼那麼愛哭？才說你幾句就哭！」

不僅如此，那個老師還跟我爸媽告狀，害我回家被罵：「幼稚園老師說你是個沒用的愛哭鬼！」氣得我牙癢癢的。

釐清原因後，我在心中默唸：「把沒用、愛哭鬼等負面情緒還給〇〇老師！」唸完後，心情也豁然開朗，不再覺得自己是隻可憐蟲了。

解除「沒用」、「愛哭鬼」等暗示後，周遭人的異樣眼光也瞬間消失了。我彷彿重獲自由一般，抬頭挺胸地面對店員，心中沒有絲毫畏懼。**解除暗示的同時，我也重拾了情緒的主導權。**

「擺爛」魔咒

K每次只要跟同事起一點衝突，工作上就會忍不住擺爛，但是這讓她傷透了腦筋，因為她每間公司都待不久。

剛到新公司時，K都跟大家相處融洽。然而，只要發生一點摩擦，她就會大為光火，跟同事結下樑子後開始擺爛，不是嚴重遲到，就是無故不到，搞得自己在公司待不下去。

這並非K的本意，她也不喜歡自己這樣半途而廢，但是不管怎麼努力，都還是控制不住怒氣，所以才一直重蹈覆轍。

到了這間公司後，一個同事多嘴問了K的私事，她忍住想教訓對方的衝動，在心中默唸道：**「我真正的感覺是什麼？」**

唸完後，她的腦中浮現了一句話：「妳怎麼那麼愛生氣？也太沒責任感了吧！」K心想：「這我當然知道，還用你說嗎？」她接著在心中默唸：**「這是誰給我的暗示？」**沒想到下一刻腦中居然浮現出她妹妹的臉。

這個「畫面」完全出乎K的意料，但仔細想想，妹妹從小就常對她說：「姊，你怎麼那麼愛在生氣後擺爛啊？」

每次K打電話跟妹妹抱怨同事時，妹妹也都是回她這句話。這讓K不禁心想：「難道我是受到妹妹的暗示，才變成罵街的潑婦嗎？」

釐清原因後，她立刻在心中默唸：**「把愛生氣、沒責任感等負面情緒還給妹妹！」**神奇的是，她唸完就不氣了。

在默唸口訣之前，她本想跟同事大吵一架、甩頭走人，如今卻能心平氣和地繼續工作。回顧之前的「鬧劇」，她不禁覺得好笑：「臭老妹！給我搞這種飛機！」

「三分鐘熱度」魔咒

R總是三分鐘熱度，做什麼都無法持久，她為此而煩惱不已。比方說，有一次她花大錢買了一堆教材，想要好好精進自己，中途卻突然失去興趣，便理所當然地放棄了。

還有一次她想為自己培養興趣，開始學習某項時尚技能。起初她滿心期待，覺得未來充滿了希望，然而真正開始學後，又覺得自己沒辦法持久，最後還是半途而廢。這讓她感到非常絕望，看來自己這輩子注定就是要虎頭蛇尾、一事無成。

看到這裡，一定有人心想：「三分鐘熱度是天生的吧？」「R一定從小就是個嬌嬌女，沒有吃過苦！」不過，當R試著問自己：**「我真正的感覺是什麼？」**卻出現了意想不到的答案。

默唸完後，她的腦中浮現出「妳總是三分鐘熱度，做什麼都半途而廢」這句話。這沒什麼好說的，是大家都知道的事實，重點在於——**「這是誰給我的暗示？」**才剛唸完，她腦中便浮現出阿嬤的臉。

這讓R感到匪夷所思：「怎麼會是阿嬤呢？阿嬤可是最疼愛我、最照顧我的人呀！」

她這才想起，每次阿嬤買玩具給她前一定會問她：「妳總是三分鐘熱度，做什麼都半途而廢，妳會好好珍惜這個玩具嗎？」

由於R的爸媽從不買玩具給她，所以她經常向阿嬤撒嬌，吵著要買這個買那個，而每次買東西給R前，阿嬤都一定會問她這句話。

雖然這個結果讓R有些難過，但她還是在心中默唸：**「把三分鐘熱度、半途而廢等負面情緒還給阿嬤！」**唸完後，整個人果真神清氣爽。

她不再感到絕望，也不再覺得自己是個虎頭蛇尾的人了。相反的，她心中充滿了幹勁，覺得自己做什麼都可以有始有終。

說來奇妙，但「暗示」對情緒的影響就是這麼大。

「交不到朋友」魔咒

N一直感到很納悶，為什麼每次到新的環境，其他人都能立刻打成一片，就只有她一個人落單？

N並非沒有努力過，她也試著想加入小圈圈，但每次只要她一加入，氣氛就會瞬間冷掉，然後做鳥獸散。

「既然加入不了小圈圈，那就單獨跟某人交好吧！」然而，只跟某人交好卻也不順利，比方說上次那個人，N就覺得對方把她當「垃圾桶」，只會不斷向她吐苦水，雙方的關係根本就不對等。她的情緒也因此受到影響，整日悶悶不樂。

「會不會是妳說話方式有問題呢？」「妳說話時要看著對方的眼睛！」「妳應該要再更積極一點，主動出擊！」這些「建議」

N都試過了，但還是有一種「不夠對等」的感覺。

她不懂，為什麼每次都是自己單方面地付出，不斷迎合對方。

於是N在心中默唸：**「我真正的感覺是什麼？」**唸完後，她的腦海中浮現出一句話：「妳交不到朋友。」這自是不用說，因為這可是她最大的煩惱。

她又問：**「這是誰給我的暗示？」**腦中立刻浮現出幼稚園老師的臉龐。N在幼稚園時常被朋友排擠，該老師經常替她加油打氣，陪她玩耍排遣寂寞。

那名老師經常對N說：「交不到朋友沒關係，老師陪妳玩。」沒想到老師的善意竟成了暗示，這讓她感到非常意外。那時幼稚園小朋友常以「N都只跟老師玩」為由不跟她玩，原來這個老師才是她沒朋友的「罪魁禍首」。

於是，N在心中默唸：**「把交不到朋友等負面情緒還給幼稚園老師！」**

在那之後，**她就能自然而然地與人交談，聊天不再是件痛苦的事。不但同事開始約她出去吃飯，各個「小圈圈」也願意跟她說話了。**看來，「暗示」真是一門深奧的學問。

解除暗示，活出樂趣

E告訴我，她身體狀況好時，總是笑容可掬、待人和氣，然而只要稍微沒睡飽，就會故意找同事麻煩，到處找人出氣。

聽到這裡時，我以為E是個非常有自信的人，然而有次她身體不舒服，竟然在我面前哭得一把鼻涕一把眼淚，泣訴自己無法勝任這份工作。也就是說，她的情緒完全跟著身體狀況起伏，何止判若兩人，而是判若多人。

當然，任誰都有生理影響心理的經驗，當內分泌失調時，情緒本就較難控制。

保險起見，我還是請E在心中默唸「真感口訣」——**「我真正的感覺是什麼？」**她的腦中立刻浮現出一句話：「妳怎麼那麼情緒化？」她接著又問：**「這是誰給我的暗示？」**沒想到居然看見前男友的畫面。

E和前男友每過一陣子就會大吵鬧分手，吵到鄰居都受不了，每一次前男友都會罵她：「妳怎麼那麼情緒化？每次那個來都這樣！」

E簡直不敢置信：「我跟那個人早就分手了！只不過是一句話，影響力竟然那麼大！」但她還是乖乖默唸：**「把情緒化等負面情緒還給前男友！」**唸完後，E彷彿解開了束縛般通體舒暢。

以前她每隔一陣子都會陷入憂鬱狀態，覺得自己什麼都做不到。現在非但不再「定期憂鬱」，也不再脾氣暴躁、到處找人麻煩了。

你是否也準備好要「解除暗示，活出樂趣」了呢？

4

心如止水小秘訣

準備好幫情緒進行「不動如山特訓」了嗎？

「不必大作戰」

看到這裡相信各位已經明白，一點暗示或世俗認知就能影響情緒，讓我們火冒三丈，惴惴不安，彷彿變了個人似的，心情全寫在臉上。

情緒暴走時，你是否曾經心想：**「我怎麼會做出這種事？真不像我。」**如果你有這種感覺，只要不受世俗影響、把別人的話當耳邊風，即可恢復原本的自己。

接下來，我要教大家一個簡單的方法，幫助你跳脫世俗的框架，擺脫「暗示」的魔掌，回歸最真實的自我。

有一陣子我每天都疲於奔命，工作堆積如山，怎麼做都做不完。那讓我感到非常痛苦，甚至對生活失去了熱情，一個朋友見狀對我說：「不喜歡就不要做啊！」

我回答：「怎麼可能！我有一堆必須處理的工作！」話說出口我才發現，原來我被「必須」兩個字給束縛住了。

一般認為「必須做」就一定得做，而我被這樣的認知綁手綁腳，無法活出真正自我，情緒也因此受到影響。

既然如此，別將事情定義為「必須做」不就好了？但這種想法不免讓人擔心，如果沒有任何「必須做」的事，生活還能維持下去嗎？

就以我寫作來說吧，出版社訂了截稿日，我就必須在截稿日前把文章寫完交出去。我寫稿是因為「必須交稿」，但每次都因為缺乏靈感、無法專注等原因導致進度不如預期。而一想到「必須交稿」，這樣的情況就愈發嚴重，寫出來的文章也逐漸偏離本意，跟當初設定的內容相差甚遠，這讓我非常煩躁，難受不已。

後來我決定不再因為「必須交稿」逼自己動筆，**只在「想寫稿」時寫稿**，你猜怎麼著？寫稿瞬間變成了一件有趣的事，靈感如泉湧，下筆有如神助。

簡單來說，當你做某件事情是因為你「必須做」、「不得不做」，很容易就會失去自我，進而導致情緒暴走，而情緒失控會使人逐漸偏離自我，心情更加浮躁。

要怎麼解決這個問題呢？答案就是**覺得「必須做」時就「不要做」**。

唯有這個方法，才能避免偏離自我，發揮出「真正的實力」。這麼一來，你一定能對自己另眼相看，因為取回情緒主導權的你，就是這麼出色。

我遇過一位女客戶，她覺得自己「必須」打掃家裡，卻遲遲挪不出時間，因而感到懊惱不已，心情非常煩躁。

「我真是沒用！沒把該做的事做好！」在她的認知中，自己「必須」打掃家裡才能讓生活過得更舒適，然而她卻做不到。

在我的建議之下，她開始實行**「不必大作戰」**。當出現「必須打掃」的念頭時，就刻意不打掃；出現「必須丟垃圾」的念頭時，就刻意不丟垃圾。

這其實是一種「罷工」——對世俗認知的罷工，對言語暗示的罷工，只做自己「想做」的事。

自從她決心「罷工」後，身體便開始躁動不安，莫名地想要打掃家裡、收拾東西。當這種「蠢蠢欲動」的感覺出現時，就是你解除罷工行動的時候了，於是，這名客戶就有如脫韁野馬一般，將家中裡裡外外整理得乾乾淨淨、一塵不染。

以前她丟東西總是猶豫不決，現在則是斷然處置。**她這才發現，以前自己的情緒總是受到他人操控，根本沒有活出真正的自我。**

跳脫世俗的框架後，她彷彿變了個人一般，不再留戀雜物。她也終於得償所願，在乾淨整齊的家中享受只屬於自己的平靜時光。

「真正想做法」

「不必大作戰」有化「必須做」為「想做」的功效。

不過，有一點還請特別注意。你是否經常萌生「為人付出」的想法呢？像是「是不是該幫另一半做晚餐」、「是不是該帶另一半去買東西」……等。

若你並非真心想做這些事情，卻滿腦子都是另一半的事，時時刻刻都在為對方著想，那可就危險了。因為總有一天你會氣得半死，覺得永遠都是你在付出，對方卻不對你感恩戴德。

看到你生氣，對方一定也覺得莫名其妙：「我又沒有拜託你幫我做這些事，為什麼非感謝你不可？」聽到他這麼說，你一定覺得他自私到不行，一股怒氣衝上腦門。

「真正想做的事」是為自己而做，無須顧慮周遭人的反應，也是因為這個原因，做想做的事才能確保情緒穩定。

情緒容易暴走的人習慣猜測別人的心情，也非常在意別人的眼光，所以當我們做完「真正想做的事」後，通常都很有罪惡感，覺得自己太過任性妄為。

對我們來說，「做真正想做的事」是件錯事，不是怕給周遭的人添麻煩，就是覺得世界上有那麼多人在吃苦，我怎麼可以獨自享樂。

但其實，你根本就不用管別人怎麼想。建議大家可以試著探索自己「真正想做的事」，執行「真正想做法」。你會發現，原來做自己是這麼有趣的事！

重建內心平靜

對「必須做」的事罷工、擺脫周遭人的眼光、只做自己「真正想做的事」，會產生什麼結果呢？

以前的我以為，做自己確實能讓人心滿意足，但也得付出代價，承受周遭人的責怪和異樣眼光。

然而事實證明我想太多了，當我只做自己想做的事時，**周遭人的反應平靜而淡定**，非但沒有生氣，也沒有特別高興，奇妙的是，他們也開始做自己「真正想做的事」。

曾經我以為，若不幫別人做事、為他人付出，對方可能會因此惱怒，也因為這個原因，一直以來我都在討好別人。執行「真正想做法」後我才發現，即便不特別為別人著想，他們也不會因此不高興。

認清這一點後，我的情緒就不再被人牽著走了。

每每從事「真正想做的事」，都在提醒我「無須特意討好別人」、「我以前太過在意別人的想法」——隨著這樣的想法愈發牢固，我不再受他人的情緒所束縛，內心也一日比一日平靜。

不再強迫自己後，我事後不再悔恨憤怒，也不再情緒失控。只是心態上的轉換，就能讓人心靜如水，海闊天空。

學會自我懷疑

情緒容易受人影響的人，一天到晚都在猜測別人的心情，很少正視自己的意願。

前面傳授了大家「不必大作戰」和「真正想做法」，相信很多人有心執行，卻不知道自己到底想做什麼。

有些人執行「不必大作戰」時，因為一下子太過放鬆，導致心生怠惰，以為自己「真正想做的事」就是「什麼都不做」。

一般認為「情緒起伏」是件很累的事。也因為這個原因，情緒容易暴走的人平日總是筋疲力盡，每到假日就只想好好休息。

然而，在家裡虛度光陰一整天後，你會發現心情反而更差了，覺得自己彷彿成了家人眼中的米蟲，只會混吃等死，白白浪費時間。

如果你也有這樣的情形，代表你真正想做的事根本不是休息，**而是受到了世俗認知和言語暗示的影響，才會主觀地認為情緒起伏非常耗神，一有時間就「必須」好好休息**。

因此，當你的大腦告訴你，你真正想做的事情是「休息」時，請務必**提出質疑：「真的是這樣嗎？」**

我認識一位太太，她非常在意先生跟孩子的想法，所以整天都提心吊膽，生怕自己得罪他們。

也因為這個原因，她的神經變得非常緊繃，沒有一刻放鬆，情緒隨時都在波動。這讓她感到不知所措：「難道我這輩子都得看別人臉色生活嗎？」因而來向我求助。

她問我：「我該如何讓內心獲得平靜？」在我的建議下，她開始執行「不必大作戰」——**覺得「必須做」時就「不要做」**。

以前她經常力不從心，明知「必須洗衣服」、「必須打掃」，卻遲遲不肯動手。有時拖著疲累的身子、咬著牙做家事，先生跟孩子卻完全沒有意思要幫忙，讓她心情大受影響，整天悶悶不樂。

開始進行「不必大作戰」後，當想到「必須洗衣服」、「必須打掃時」，就故意不去做。她開始思考自己「真正想做的事」，而第一個想到的，就是「休息」跟「好好睡一覺」。

但她沒有忘記我的指令——「懷疑自己的想法」。於是她又問自己：「真的嗎？我真的想好好休息嗎？」沒想到腦中卻出現另一個想法——「其實我想去參觀美術館。」

這讓她非常驚訝，因為她跟「美術館」這個地方八竿子打不著邊。不過她還是很高興，因為終於找到自己「真正想做的事」

了，擇期不如撞日，她立刻奔向美術館。看著牆上的油畫，平常痠痛僵硬的肩膀竟然自動緩解，她在美術館中做了幾次深呼吸，身心也變得格外舒暢。

之後她心中的雜念愈來愈少，平心靜氣地看完了所有畫作。身心得到真正的放鬆後，她啟程回家，一打開門，居然發現老公跟小孩把家裡打掃得乾乾淨淨，連衣服都洗好曬好了，兩人正融洽地在廚房準備晚餐。看著眼前的景象，她的內心有如海闊天空一般平靜，這讓她恍然大悟，原來做「真正想做的事」並不是罪過，而是這麼美好的一件事。

自我懷疑法：我真的想吃嗎？

「真正想做法」能讓人情緒穩定，幫助內心獲得平靜。

而當你出現想做某事的念頭時，一定要**「懷疑」**自己，自問：**「我真的想做這件事嗎？」**相信我，你將得到意想不到的答案。

吃東西也是一樣。各位是否有過下述經驗呢？肚子餓得咕嚕咕嚕叫，第一個想到的就是餐飲店的便當，把整個便當嗑個精光後才懊惱不已：「我好糟糕！居然吃那麼多！早知道就吃沙拉……」心情也因此一落千丈。

這其實是一種「自我暗示」，你下意識地告訴自己：「沒有慎選食物是件很糟糕的事。」

之所以會後悔，是因為你認為自己「必須吃沙拉」，擔心別人看到你圓潤的身材，會下意識地認為你是個邋遢、缺乏自制能力的人——很明顯的，這又是一個因「擅自猜測他人想法」導致情緒失控的例子。

情緒一旦受到影響，就會產生「自我暗示」：「連飲食都無法控制，我真是一個邋遢的死胖子！」在這樣的「暗示」之下，人會真的變得無法克制，半夜吃一大堆洋芋片。前功盡棄後，心情變得更差了。

L經常為了「想瘦卻瘦不下來」而悶悶不樂。在我的建議下，她開始執行**「不必大作戰」——當覺得自己「必須瘦下來」時，就不做任何減重措施**。為此她感到非常興奮，迫不及待想一嘗「隨心所欲」的感覺。

以往肚子餓得咕嚕咕嚕叫時，她總是告訴自己「必須節食」、「不可以吃東西」，而執行「不必大作戰」後，她開始「抗旨」，做自己真正想做的事，也就是吃「真正想吃的東西」。

L問自己：「我真正想吃的東西是什麼？」腦中立刻浮現咖哩飯的畫面。

我曾叮囑她，一定要**「懷疑」**自己的想法，於是她又問了一次：「我真的想吃咖哩飯嗎？」沒想到這次的回答竟是：「我其實想吃糙米飯。」她愕然，怎麼會是糙米飯呢？

雖然覺得莫名其妙，L還是到附近的小吃店買了糙米飯。以前她的食量很大，每次便當都一定要加飯才吃得飽，奇妙的是，今天的糙米飯卻吃一半就吃不下了，這讓她非常驚訝：「難道這才是真正的我嗎？」

以前L下班回到家，總是忍不住吃洋芋片解饞。這天她問自己：「我真的想吃洋芋片嗎？」經過幾次質疑後，身體告訴她：「我不要吃洋芋片，我想喝礦泉水。」於是她邊泡澡邊喝礦泉水，滿足身體的「渴望」後，便心滿意足地去睡覺。那一夜她睡得格外香甜，早上起床神清氣爽，心情好得不得了。

就連搭電車通勤時，她也終於能靜下心來欣賞街邊風景，不再懷疑別人都在評論她、嘲笑她。

減少心理負擔，重建心靈平靜——這就是「不必大作戰」、「真正想做法」和「自我懷疑法」的神奇威力。

自我懷疑法：我真的想繼續睡嗎？

很多人一放假就是睡一整天，把假日「睡掉」後才悔不當初：「早知道就早點起床……」心情也連帶受到影響。為什麼會「做了又後悔」呢？因為你沒有活出原本的自己。

想要活出原本的自己，就必須擺脫「世俗認知」和「言語暗示」的束縛，並實行「不必大作戰」——覺得「必須做」就「不要做」。舉例來說，當你認為自己「必須早起」時，就「不要早起」。

但是，這麼做不免讓人擔心：「不早起真的沒關係嗎？生活不會出問題嗎？」

奇妙的是，當你決定「不要早起」後，早上時間一到就會自動醒來。換句話說，只要解除暗示、活出自我，就能恢復「晨型人」的生活。

出現「還想繼續睡」的念頭時，請務必執行「自我懷疑法」，問自己：「我真的想繼續睡嗎？」下一秒你會發現，身體其實想起床了，根本不想賴在床上。

「我一天到晚都在睡覺」其實是一種暗示，在該暗示的影響下，我們才會賴在床上起不來，最後才在那邊後悔白白浪費了一整天的時間。前述方法能幫助你重拾心靈平靜，活出真正的自己。

自我懷疑法：我真的想看電視嗎？

假日起床刷牙時，我總會打開電視，不斷轉台物色節目。看完一堆節目、回過神來才發現，自己竟然浪費了那麼多時間，實在悔不當初。

因我平常上班很累，一放假就不想動腦，只想看電視放空。但每次看完電視我的心情都很不好，覺得自己虛度光陰。追根究底，我的情緒之所以會如此失控，還是因為沒有活出原本的自己的關係。

後來只要我早上起床、昏昏沉沉想打開電視時，我就會執行「真正想做法」，問自己：**「我真正想做的事情是什麼？」**而大腦每次都會給出意料之外的答案。

一位小姐告訴我，她每天回家都會一邊看電視一邊吃飯，明知自己應該要早點睡，但總是忍不住看到三更半夜，導致沒時間好好收食物殘渣，也沒辦法悠閒地泡澡。這讓她每天睡前心情都很不好，不斷責怪自己怎麼這麼缺乏自制力，把生活搞得如此糟糕。一想到媽媽以前經常罵她：「妳怎麼一天到晚就只會看電視？」她就一片愁雲慘霧。

因為熬夜的關係，她早上經常爬不起來，再加上她在公司處於四面楚歌的狀態，上班成了一件痛苦的事，心情也連帶受到影響。

她因為不想再過這種糜爛的生活，便來向我求助。在我的建議之下，她開始執行「不必大作戰」——**覺得「必須做」就「不要做」**。

那天回家後，她不再拘泥於「早睡」，並在開電視前先問自己：**「我真正想做的事情是什麼？」**一問之下，才知道自己其實想要「好好品嘗食物的美味」。以前她吃飯一定會「配」電視，一心二用，根本無法專心吃飯，而在意識到這點後，她決定以後都要專心享受美食，在吃飯時播放餐廳常播的輕音樂。

以前她即便開著電視吃飯，也會頻頻想起職場不愉快的事。改聽輕音樂後，那些惱人的回憶便不再直衝腦門，情緒也平靜如水，不再高低起伏。

吃完飯後，打開電視前她先問自己：「我真正想做的事情是什麼？」得到的答案是：「我想要邊聽音樂邊泡澡。」

於是，她便丟下「必須收拾」的餐具不管，先進入浴室洗澡。泡著泡著，她將那些爛人爛事全都拋豬腦後，內心也獲得了真正的平靜。泡完澡後，她竟自動出現「想洗碗」的念頭，心甘情願地去清理餐桌。

那天，她很早就上床睡覺，隔天早上精神飽滿地去上班，也不再對同事抱有敵意，輕輕鬆鬆地與他們聊天說笑。

現在的她總是面帶笑容，心平氣和地與同事說話，這讓她不禁喜上眉梢：「原來這才是我原本的樣子！」

請你跟我這樣做：覺得自己虛度光陰時

其實不只「看電視」，收電子郵件和上網閒逛也很浪費時間。有時回過神來，才發現自己只顧著上網，該做的事都沒做。

有時候你覺得自己在做「必要的事」，但你真的想做嗎？建議各位在做「必要的事」之前，請先問問自己：**「我真正想做的事情是什麼？」**

我有個客戶是完美主義者，他認為大小事情都「必須」完美計畫，所以在訂定企劃案、家庭旅行計畫前，都會先上網蒐集最完整的資料。

然而，即便他為家人訂定了超完美的旅行計畫，家人卻把這一切當作理所當然，這讓他很不高興，覺得一切的努力都是浪費時間。

工作時也是，他在與人交接工作或下指令前，都會先蒐集完美的資料。然而，對方卻不把他的資料當一回事，常常隨手亂放亂丟，每每都讓他火冒三丈，覺得幫這些人查資料根本是浪費時間。

後來我請他執行「不必大作戰」，想藉由這樣的方式讓他活出「原本的自我」，讓情緒不再輕易起伏，而他也對成效充滿了期待。

隔天他跟同事聊天時，又出現「我必須幫他上網查一下」的念頭，但他先文風不動，問自己：「我真正想做的事情是什麼？」這時他的腦中浮現出一句話：「我想去附近的咖啡廳。」

「怎麼會想去咖啡廳呢？這未免太浪費時間了吧！」——雖然心存懷疑，他還是乖乖去咖啡廳點了紅茶。神奇的是，他愈喝愈神清氣爽，不知不覺間，腦中的雜念全都消失無蹤，他也得以心無旁騖地訂定工作計畫。

以前他將大部分的上班時間全花在「上網查資料」，導致自己的工作在正規時間內做不完，只能靠加班完成。然而，喝完紅茶、回到公司後，他開始執行剛才訂定的工作計畫，一一消滅工作，當天居然把預計的工作全部做完，準時下班回家。

他這才發現，以前的做法才是真正在浪費時間。接著他又問自己：「我真正想做的事情是什麼？」腦中立刻浮現「我想趕快回家，好好睡一覺」的念頭。

開始執行「不必大作戰」和「真正想做法」後，他做事愈來愈有效率，非但不再悶悶不樂，還多出了許多可以自由運用的時間。如何？是不是很有意思呢？

請你跟我這樣做：不知道自己想做什麼時

在「世俗認知」的束縛下，人常常偏離原本的自我，無法隨心所欲。「不必大作戰」和「真正想做法」可幫助我們回歸原本的自我，然而，有些人在思考自己想做的事情時，腦袋卻是一片空白，怎麼想都想不出答案。

遇到這種情況莫著急，請先沉澱一陣子，若還是不知道想做什麼，請再問自己一次：**「我真正想做的事情是什麼？」**

有個客戶這麼做後，立刻得到「我想去散步」這個「微小的願望」。他雖然覺得去散步很浪費時間，但還是順著心意照做了。走著走著，心情竟變得出奇地平靜。他這才明白，原來他並非不知道自己想做什麼，而是腦中被負面情緒所佔據，導致無法釐清自己在想什麼。

腦中充滿負面情緒時，光是出門一下就能讓他緊張個半死，生怕自己走在路上被車撞，又或是在電車裡遇到怪人。

自從執行「不必大作戰」和「真正想做法」後，他變得常保好心情，也不再杞人憂天了。

接著來看看C的例子。C因為擔心出去找不到洗手間，所以每次出門前，無論距離遠近，都一定會先查好目的地附近的洗手間位置。

不僅如此，她出門前一定會檢查好幾次門窗和水龍頭，每次出門都是一場浩大工程，也因此她變得非常不喜歡出門，經常待在家裡。

然而，每次窩在家裡一整天後她都非常懊悔，覺得自己虛度光陰。於是，她開始心不甘情不願地強迫自己外出，出門對她而言成了一件「必要」的事。

在我的建議下，C開始執行「不必大作戰」和「真正想做法」——**覺得「必須做」時就「不要做」**。我告訴她，只要做回原本的自己，情緒就不會輕易失控。於是，她開始刻意不檢查門窗，也不去確認水龍頭有沒有關好。

不過，C還是按捺不住想去檢查的衝動，於是她問自己：**「我真正想做的事情是什麼？」**

下一秒她有了答案：**「我什麼都不想做。」**

既然什麼都不想做，那就不用去檢查門窗跟水龍頭啦！基於保險起見，她又問了自己一次：「我真正想做的事情是什麼？」這次的答案是：「我想出門！」

C心想：「可是我又沒檢查門窗和水龍頭，怎麼可以出去？」但腦中卻不斷出現「我想出門」的念頭。於是她把心一橫，沒有檢查任何東西就出了門，徒步走到商店街。

如果是以前的她，此時肯定是心神不寧——我有鎖門嗎？水有沒有關好？窗戶有鎖緊嗎？這次心裡卻很平靜，也沒有想衝回家檢查的念頭，令她嚇了一跳。

走進商店街後，她才發現自己從來沒有好好欣賞過這條街，每次來都在想門窗和洗手間的事，根本無心逛街。

這讓她相當訝異，沒想到做自己「真正想做的事」，竟然能讓內心如此平靜，活得更輕鬆、更快樂。

之後，她開始積極執行「不必大作戰」和「真正想做法」，盡情享受內心的靜謐時刻，對生活也更樂在其中。

心如止水小秘訣：解開世俗束縛

只要做回原本的自己，就不用再飽受負面情緒之苦。然而，很多人無法跳脫世俗框架，誤以為活在框架中的就是原本的自己，導致即便執行了「不必大作戰」和「真正想做法」，卻還是無法解決情緒易失控的問題。

在這裡我要告訴大家一個觀念，只要情緒還在暴走，就代表你仍活在世俗的框架之中，尚未做回原本的自己。像這種情況，只要找出根本的原因，擺脫束縛你的「世俗認知」，即可重獲自由。

我以前就是這樣，**有段時間我自認隨心所欲，情緒卻還是不斷起伏，令人痛苦不堪**。

當時我上班只做想做的工作，想運動就運動。然而，只要人家對我稍有微詞，我的情緒就會立刻失控，在心中反覆咀嚼人家說的話，導致內心愈發混亂激動。

後來我意識到，我這樣根本沒有活出原本的自己，於是便自問：**「我被什麼世俗認知給限制住了？」**

我的腦中出現的念頭是：「一般認為工作是一種壓力、工作會累積疲勞，我就是被這種世俗認知束縛了。」

這個答案令我非常意外，因為我一直覺得自己很熱愛這份工作。但仔細回想過後我發現，我經常覺得上班很累，因為要上班的關係，我無法享有自己的時間，也無法盡情做想做的事。

我問自己：「難道上班不會累嗎？」大腦回答我：「你的『疲累』源自於暗示。」這讓我不禁毛骨悚然，心理暗示的力量實在太可怕了。

發現自己的疲累源自於暗示後，我的心中突然湧出無限幹勁，覺得自己所向無敵，可以去做自己想做的事了。

其他人對我的批評、前一秒的負面情緒，這一刻全都被我拋諸腦後。

這次經驗告訴我，我被世俗認知給框架住了，所以才會下意識地認為工作很累人、身體需要休息，以致於沒時間做想做的事，心情也連帶受到影響，無法活出原原本本的自我。

解開世俗束縛：累了脾氣就一定差嗎？

在你看來，「累了就會亂發脾氣」是人之常情嗎？如果是，你可能已偏離了原本的自己。

為什麼呢？因為在這樣的認知下，人會下意識地控制自己，不讓自己亂發脾氣。在無法盡情做自己的情況下，情緒反而會起伏得更嚴重。

F是個上班族，她只要心情不好，就會口頭上刁難同事，也因為這個原因，公司的人都對她相當反感。F因而感到非常難過，「我怎麼這麼倒霉？什麼壞事都讓我碰上了！」

F經常執行「真正想做法」，問自己**「我想做的事情是什麼？」**然後將腦海中的念頭付諸實行。然而，只要工作一累，她就無法控制自己的情緒，一點芝麻綠豆的小事都能讓她大發脾氣。這讓F納悶不已，為什麼她都這麼努力做自己了，情緒卻還是頻頻失控呢？

於是她問自己：**「我被什麼樣的世俗認知給限制住了？」**內心回答她：「一般認為累了就會亂發脾氣，我就是被這種世俗認知束縛了。」F反問：「咦？疲倦時心情本來就會比較不好，不是嗎？」內心又回答：「那不過是一般人的認知罷了。」那一瞬間，她整個人都放鬆了下來，身體輕飄飄的。

「說得也是！仔細想想，確實有些人累了還是能夠心平氣和地工作……原來人疲倦時心情不一定不好！」

自從F的脾氣改善後，即便很累她也能笑咪咪地對同事說：「今天上了一整天班好累喔！」看到同事也面帶笑容地回答：「對呀，真的好累喔！」她終於找回原本的自己，內心也不可思議地獲得了平靜。

和別人相處，原來是這麼令人安心的事。

解開家庭束縛：年老就一定體衰嗎？

「不必大作戰」和「真正想做法」確實能幫助我們找回原本的自己。然而，關心則亂，很多人一遇到家人的事就亂了心神，什麼方法都不管用了。

G在公司都能確實秉持「必須做」就「不要做」的原則，只做自己想做的事，也不會刻意猜測別人的想法，相當自在。

不過，只要跟年邁的父母通完電話，G總是憂心重重，非常擔心爸媽的健康狀況，覺得自己得為他們做點什麼，急得像隻熱鍋上的螞蟻。問題是，每每付出後，他又對自己的「雞婆」感到非常後悔。

G其實也知道自己的擔心是多餘的，但一碰到家人的事，他就是無法冷靜面對。

於是G問自己：**「我被什麼樣的世俗認知給限制住了？」**問完後，他的腦中浮出這樣的念頭：「一般認為我們必須珍惜家人，我就是被這種世俗認知束縛了。」

G有點火了，自己吐槽自己道：**「這我當然知道，問題是，我就是放心不下爸媽啊！」**

這是吐槽不是發問，但內心還是回答了他：「一般認為老人家身體一定不好，我就是被這種世俗認知束縛了。」之後又補了一句：「一般認為老人家無法自力更生，我就是被這種世俗認知束縛了。」G本來想反駁，但仔細想想，他確實認為爸媽沒有能力照顧自己，若沒有他的庇護，隨時可能會發生悲劇。

G這才發現，他下意識地認為父母去世後，自己就無法過上幸福快樂的人生。

如果失去父母就無法幸福，那世界上每個人都終將迎向不幸——想通後，G決定不再胡思亂想，成功解開家庭的束縛。

接著他問自己：**「我真正想做的事情是什麼？」**得到的答案

是：「我想默默守護家人。」

執行「真正想做法」後，G終於做回原本的自己，也欣然面對爸媽原有的樣子，不再胡亂擔心他們的安危。

神奇的是，G改變心態後，他的父母不但變得比以前獨立，也更有朝氣了。看到父母的轉變，G不禁感嘆，原來「默默守護」竟是一件如此美好的事。

5

人際關係處處碰壁？讓「心靈咒語」解救你！

停止猜測別人想法，
情緒不再輕易暴走！

忍不住猜測人心時，請唸這條「心平咒語」

在最後一章中，我要教大家幾招「快樂人際法」，讓你輕易消除人際關係所帶來的痛苦。**快要失控前，只要唸幾句簡單的「心靈咒語」，就能讓情緒平靜如水，不動如山！**

我們常在不知不覺當中使用「暗示性」的詞彙，像是「我覺得那個人好煩喔」、「好討厭喔」等等。即便沒有說出口，「好煩」、「好討厭」也會形成心理暗示，對情緒造成影響。

「言語暗示」的力量非常強大，不但會影響他人和自己的想法與感覺，還能誘發行為、操縱人心。

舉個例子好了，學生A在上體育課時，跟班上王牌對戰網球。

他在開戰前向對手下了這樣的暗示：「你的腳看起來很痛耶，還好嗎？」

王牌聽了覺得奇怪：「我的腳不會痛啊？」然而，比賽時王牌卻頻頻分心，覺得自己的腳好像真的有點痛，跑不快也跳不高。單憑實力而言，學生A是絕對贏不了王牌的，但他卻運用言語暗示讓自己佔了上風。

雖然這是比較負面的例子，但我要說的是，如果言語能束縛人心，自然也能夠解放人心。

如果你覺得自己不擅處理人際關係，又或是情緒經常莫名失控，有可能就是在不知不覺間對自己下了「心理暗示」。

那麼，要如何解除負面的心理暗示呢？答案就是「以毒攻毒」——**對自己下另一個暗示**。這麼一來，你就不用再為人際關係飽受負面情緒之苦，甚至還能樂在其中。

情緒容易暴走的人大多有一個問題，那就是自以為能窺知人心。這其實是一種暗示，導致我們無限放大別人的言行，只要別人說了一句話、做了一個小動作，就下意識地認為「那個人肯定瞧不起我！」「我長得那麼醜，他肯定看不上我！」

有時人家明明無心，看在我們眼裡卻是大有深意，心情也連帶受到影響。

在這裡要教大家一條「心平咒語」，當你又忍不住猜測別人的想法，請試著對自己下暗示——在心中默唸：**「那又怎樣！」**

（So what !）

我們之所以不斷猜測別人的想法，是因為我們以為「只要釐清對方在想什麼，情緒就不會再起伏波動」，而這樣的暗示卻促成了反效果。

只要簡單唸一句**「那又怎樣！」（So what！）**，就能喚醒原本的自己，不再拘泥於別人的想法。

媽媽A在跟朋友聊天，聊著聊著，對方突然跟她說：「妳沒有想要減肥嗎？」讓媽媽A頓時語塞，不知如何應對。她覺得這個朋友對她有敵意，那樣講是在笑她胖。

之後，媽媽A開始胡思亂想，懷疑大家都對她不懷好意、都在背地裡笑她胖，心情也因此一落千丈。

於是媽媽A在心中大喊「心平咒語」：**「那又怎樣！」（So what!）**才喊完，所有負面情緒都消失了。

媽媽A感到不可置信，怎麼可能這樣就消失了呢？她不信邪地再試了一次——刻意回想朋友笑她胖的事，藉此激發壞心情。

然而，無論她再怎麼回想，都無法像之前那樣怒火攻心。她再一次在心中大喊：**「那又怎樣！」（So what!）**果真瞬間澆熄了怒火，回到平心靜氣的狀態。一句簡單的咒語，就讓媽媽A得以感受原本的自己，不再拘泥於別人的想法。

擔心別人誤會自己時，請唸這條「防誤咒語」

前陣子有位客戶打電話來，跟我取消預約好的心理諮商。

看到預約表上突然空了一格，我心中不禁忐忑了起來，他是不是誤會我能力不足？不然怎麼會突然取消預約？一陣胡思亂想後，情緒也開始脫韁失控。

像這種情況，除了可以唸前面教的**「心平咒語」**，還可唸更對症的「防誤咒語」——**「請讓對方感受到我的心意」**。

大多時候，我們之所以會過度在意對方的想法，是因為擔心對方沒有感受到自己的善意。遇到這種情形時，人通常會急著想解開誤會，**「他為什麼就是感受不到我的善意呢？」**

這時只要默唸「防誤咒語」——**「請讓對方感受到我的心意」**，就能成功對自己下心理暗示，喚醒原本的自己。回歸自我後你會發現，人無法百分之百感受別人的心意，所以擅自猜測別人的想法是沒有意義的。很多人明知道這個道理，卻還是忍不住臆測別人的思緒，是因為他們給自己下了這樣的心理暗示：「若不釐清別人的想法，情緒會很容易失控。」

而「防誤咒語」——**「請讓對方感受到我的心意」**則有解除這則暗示的功效。

我認識一名女業務員，她原本跟一位老客戶關係非常良好，對方最近卻突然與她斷絕了聯絡。於是她便開始胡思亂想：「是我對他講話太沒禮貌了嗎？」「是不是我上次說錯話惹他生氣了？」心情也因此盪到谷底。

她知道多想無益，但就是控制不住思緒，腦中不斷閃過對方的臉龐、胡亂臆測聯絡不上對方的原因。

在我的建議下，她在心中默唸：**「請讓對方感受到我的心意。」**才剛唸完，內心便立刻從「波瀾萬丈」化作一池靜水。冷靜下來後，她告訴自己天下沒有不散的宴席，欣然面對客戶的不告而別。

神奇的是，這名業務員解開心結後，客戶竟主動打電話聯絡她。看來，對方真的感受到她的心意了。

再看看另一個例子吧！一個女孩覺得男友最近都不太理她，因而感到非常不安，腦中充滿了負面情緒——「他是不是不愛我了」、「我是不是已經沒有魅力了」、「他是不是移情別戀，愛上別的女孩子了？」

無法停止胡思亂想讓她非常痛苦，於是她便在心中默唸「防誤咒語」——**「請讓對方感受到我的心意。」**冷靜下來後，她浮現出一個念頭：**「我太在乎男友、太寵他了！」**

釐清思緒後，這個女孩終於明白自己無須事事為男友著想考量，也不再亂猜亂想了。過沒多久，男友突然主動跟她聯絡，跟她解釋最近自己忙於工作，所以才對她比較冷淡。女孩這才放下一顆心，原來是自己太多疑了！

覺得對方不懂你的心時，請唸這條「通心咒語」

P女問男友：「昨天我做的菜好吃嗎？」沒想到男友卻隨口回答說：「喔，還滿好吃的啊！」聽得她氣得要命。

「我為他查了那麼多食譜，他卻一點都不懂我有多辛苦！」

相信各位一定遇過類似的狀況，為了某人百般思量、努力付出，以為對方會明白你的苦心，他卻傻傻不知你的心意，害得你既傷心又落寞。

覺得對方不懂你的心時，請唸這條「通心咒語」——**「他跟我一樣不安」**，讓原本熱呼呼的腦袋瞬間冷靜下來。

我們之所以會感到傷心落寞，是因為全心全意為對方著想付出，卻沒得到預想中的回報。這個對象可能是另一半、家人，又或是同事。

然而，當我們傾盡全力為人付出，其實會引發對方的不安。**什麼樣的不安呢？他覺得自己不值得你對他那麼好，所以很擔心你有天發現這個「真相」後，會二話不說地離開他。**

與其最後遭到拋棄，倒不如「先下手為強」，故意做出有違你期望的反應，讓你主動放棄，不要對他那麼好。

而你的大腦接收到對方的「不安」後，心情也一落千丈，責怪對方怎麼這麼不懂你。這時只要默唸「通心咒語」，即可恢復原本的自己。做回自己後，自然就能察覺這份「不安」源自對方，而非你真正的情緒。

更嚴重的是，對方的「不安」還有可能發展成「嫉妒」，認為你的「好」會威脅到他的地位。

說得簡單一點，你的努力會刺激到對方的嫉妒心，讓他產生「自己低人一等」的不安念頭，所以才假裝不在意，又或是故意否定你的付出，惹得你又氣又傷心：「為什麼他就是不懂我的心！」

像這種情況，只要默唸「通心咒語」——**「他跟我一樣不安」**，就能喚醒原本的自己，將自己與對方的情緒劃清界線。這麼一來，就能成功重拾情緒掌控權。

U是個上班族，他因為主管比較偏寵另一個同事而感到非常灰心。

那個同事能力確實高人一等，但只要他稍微認真一點，主管就對他稱讚有加，甚至予以加薪鼓勵。相較之下，主管對U就沒那麼仁慈了。不管U多麼努力，就是無法贏得主管的青睞，不僅如此，主管還常把雜事丟給U做，導致U無法如期完成自己的工作。這麼一來，主管對他更是沒好臉色了。

有一次，U拚盡全力完成了一份工作，本以為主管會像稱讚其他人一樣褒獎他，沒想到主管只隨便看了兩眼，然後淡淡地「喔」了一聲。這讓U非常難過，U不明白，為什麼主管就是不懂他有多麼努力、他有多麼想要得到主管的認可？

一片愁雲慘霧之中，U在心中默唸了好幾次：「他跟我一樣不安。」不知不覺中，那種「被針對」的感覺消失了，U的心情也變得有如待在靜室一般平靜，讓他有些吃驚。

冷靜下來後，U突然意識到，**主管之所以會惴惴不安，是因為自己每次執行工作前從來沒有找過主管商量**。仔細想想，他跟主管確實沒有其他人那般親近，也幾乎沒有主動去找過主管。

主管覺得U是個深不可測、不把他當頂頭上司的「神秘人物」，而正是這份不安傳染給了U，才會讓U情緒不穩，覺得主管不懂他的心。

以前U因擔心打擾主管，從不敢去問主管問題。而唸過「通心咒語」後，U開始主動向主管請教事情，主管也對U的改變樂見其成。

只要善用暗示的力量，就能幫助我們找回原本的自己、看清這個世界，心情也不再高低起伏，上班自然也能樂在其中。

人前緊張時，請唸這條「定氣咒語」

以前看到人家聊得很開心時，我都不敢過去「參一腳」，總是獨自在一旁進退兩難，緊張得要命。

為什麼呢？因為我擔心**過去插話會破壞大家的興致，讓原本歡樂的氣氛降到冰點**。

一旦開始胡思亂想，情緒就有如脫韁野馬一般失控奔騰——「完蛋了，他們現在笑得那麼開心，如果我過去就冷場怎麼辦？那不就很尷尬？他們一定會覺得我是個掃興的討厭鬼……」

像這種情況，**只要默唸「定氣咒語」——「斷開緊張！」**就能停止胡思亂想。

以前我因為太過緊張，每每加入別人的話題，都會瞬間把氣氛搞僵。**「定氣咒語」**能瞬間緩解緊張的情緒，讓我順利參與討論，氣定神閒地與人談笑風生。

為什麼會把氣氛搞僵呢？因為我們被下了暗示——「緊張是會傳染的」。只要唸一句「斷開緊張」，這個暗示就能藥到病除。

各位待在緊張的人身邊時，是不是也感到莫名不安呢？然而事實上，**很多人都不知道緊張是會傳染的。**

默唸**「斷開緊張」**、恢復自我後，自然就能釐清這是別人的情緒，緊張的心情也隨之煙消雲散。

O是個上班族，每每討論公事都令她非常緊張。只要一緊張，她說話就會偏離主題，搞得大家一片尷尬。

每次遇到這種狀況，O都彷彿聽得到其他人的聲音：「欸你看，那個人又說奇怪的話了！」這股壓力讓她更加手足無措、不知所云，情緒也隨之升溫暴衝。日子一久，大家開始懷疑她的工作能力，O的心情也因此一落千丈，每天都悶悶不樂。

後來我建議她，只要緊張時就默唸**「斷開緊張」**這句「定氣咒語」。神奇的是，隨著唸的次數愈來愈多，她的身邊彷彿形成了防護罩一般，將緊張的心情隔絕在外。

在咒語的幫助下，O終於能靜下心來聽大家在說什麼了。

以前一直認為大家的發言都很有建設性，只有她一個人不知道在亂講什麼東西，然而，冷靜下來後她發現，原來大家說的話也沒多有深度嘛！看來其他人和以前的她一樣，都是「不知所云一族」。

後來在O的領導下，公事的討論變得更有效率，她也不再糾結於別人的指正，小組也變得更團結了。這不但提升了她在公司的地位，還讓她重新燃起對工作的熱情，上班更樂在其中。

劍拔弩張時，請唸這條「息怒咒語」

記得小時候有一次，爸媽為了我的功課大吵了一架，爸爸對媽媽破口大罵：「都怪妳沒把孩子教好！他的成績才那麼差！」聽得媽媽雙眼冒火，毫不客氣地罵了回去。看著他們吵得不可開交、誰也不讓誰，我不禁感到非常自責：「都怪我不好好念書，才害爸媽吵架……他們好像愈來愈生氣了，再這樣吵下去我們家就完蛋了！」

一想到這裡，我整個人陷入了恐慌狀態，不知如何是好。然而，我愈是自責，爸媽的怒火就燒得愈旺，這讓我感到非常害怕，難道我擔心的事情就要成真了嗎？爸媽真的愈來愈生氣了！

當我們不斷想像最糟的情況，最後壞事就會成真。現在回想起來，當時我就像個邪惡的催眠師，不斷用緊張情緒對爸媽下心理暗示：「你們愈來愈生氣了！你們愈來愈生氣了！」

既然「暗示」能火上澆油，一定也能澆熄怒火。像這種情況，建議大家可以唸這條**「息怒咒語」**——**「心平氣和你我他」**。

發生衝突時，你愈是緊張不安，對他人的暗示力量就愈強大。這麼一來，你便成了不安的根源，只要有你在，氣氛就會愈來

愈火爆。

因此，若人家發怒你也跟著著急，只會讓對方的情緒變得更緊繃，然後反彈到你身上。

這時只要唸「息怒咒語」——「心平氣和你我他」，即可避免火上澆油的情形。

我認識一個小姐，她每次在超市排隊結帳時都非常緊張，因為她很常遇到口氣不佳或是態度很差的店員。也因為這個原因，她非常討厭結帳，一想到要結帳就一個頭兩個大。

聽完事情原委後，我請她在排隊前默唸**「心平氣和你我他」**，對自己下心理暗示。她原本對於這條咒語相當不以為然，心想「唸了又怎樣？我還不是一樣緊張」，沒想到才唸完，就明顯感受到周遭的變化。

排隊的客人不再心浮氣躁，看到前面的人慢吞吞地找零錢，也不再投以責怪的眼光。

一句簡單的咒語居然有那麼大的威力，以前排隊時，只要別人靠她近一點，就讓她渾身不對勁；現在不小心跟後面的人對上眼，她還能向對方微笑示意。

不僅如此，後面的人還主動跟她搭話：「妳也買了牛肉啊？今天的牛肉好便宜喔！真是划算！」她也開心地回道：「對呀！超划算的！」

以前收銀員總是臭臉以對，今天竟主動對她展露笑容：「謝謝您經常光臨，歡迎您再度光臨。」她不禁懷疑自己的耳朵：「咦？這個小姐以前有這麼客氣嗎？」有了這次經驗後，她便不再害怕結帳這件事了。

再來看看F的例子。F每天下班都累得筋疲力盡，但家裡每天都鬧得雞飛狗跳，就算回家也沒辦法好好休息。

原因出在他太太，F的太太經常對孩子發脾氣：「你為什麼每次吃飯都拖拖拉拉的，到底要吃到什麼時候？」「你們就不能在吃飯前寫完功課嗎？」

被她這麼一罵，孩子自然不肯好好寫功課，鬧彆扭鬧得更凶了。這時太太就會將矛頭指向F說：「老公！你看看你，都把他寵壞了！」受到無妄之災，他忍不住回嘴：「我上班上了一整天很累，妳可以不要再唸了嗎？」聽到他這麼說，太太更生氣了，對F破口大罵道：「你說那什麼話？難道我在家就很閒嗎？」

F本想早點洗澡睡覺，但跟太太大吵一架後，反而氣得睡不著，根本無法好好休息。

於是，F後來試著在進家門前先在心中默唸「息怒咒語」，唸著唸著，他突然覺得自己很傻：**「唸這條咒語有什麼用？老天爺會比較眷顧我嗎？」但他擔心這種念頭會形成負面的心理暗示，便又唸了幾次「心平氣和你我他」**。

一開門，F就發現孩子看他的眼神跟平常不太一樣。他立刻意會過來：「今天小朋友跟我是同一國的！」

自從唸過「息怒咒語」後，他太太就不再大吼大叫了。以前吃晚餐時，太太一定會氣呼呼地跟他抱怨孩子今天又做了什麼壞事，沒想到這一天卻笑咪咪地看著孩子，平心靜氣地吃飯。孩子們也不時抬頭看爸爸，像在確認什麼似的，然後低下頭繼續吃飯。

吃完飯後，F跟孩子並肩坐在沙發上，太太則一邊整理餐桌，一邊面帶微笑地看著他們。

F覺得很感動，這不就是他夢寐以求的家庭生活嗎？為避免失控掉眼淚，他再度默唸了一次：**「心平氣和你我他！」**

面臨人際壓力時，請唸這條「好人緣咒語」

J的工作壓力非常大，每天都心力交瘁，最近他甚至開始憎恨這份工作。

J一直認為，自己做這份工作只是為了混口飯吃，每天做不喜歡的事情，會疲累倦怠也是無可厚非。但是，他覺得自己已經到了極限，可能再也撐不下去了。

J是標準的情緒容易暴走的人，他經常懷疑別人在暗地裡批評他，**每天不是覺得A小看他的工作能力，就是覺得B對他有敵意，對他很不耐煩**，也因為這個原因，他覺得自己在公司裡孤立無援，做什麼都只能靠自己，所以才會把工作全往身上攬，怎麼做都做不完。

事實上，J是受到「沒人幫我，我什麼都得自己做」的心理暗示影響，才陷入這樣的窘境。像這種情況，只要默唸**「好人緣咒語」——「冥冥之中自有貴人相助」**，即可解除暗示，不再孤掌難鳴。

自從J不再獨攬工作後，不但心情平靜了許多，也不再覺得同事對自己抱有敵意，在公司的人際關係也出現變化，心境有如鳥兒一般自由。

接著來看看B女的例子。B女對公司主管厭惡到了極點，每天去上班都成了一種折磨。她總覺得在主管眼中，自己是個只會耍嘴皮子的廢渣，甚至懷疑主管重男輕女。

也因為這個原因，B女急欲向主管證明自己的實力，無奈她體力不佳，專注力又不足，導致工作上不斷出包，所以主管對她更沒好臉色了。這讓B女感到岌岌可危，擔心自己在公司會沒有立足之地，整日悶悶不樂。

於是，B女開始在搭電車通勤途中默唸**「好人緣咒語」**，只要一出現「不想上班」的念頭，就立刻默唸**「冥冥之中自有貴人相助」**。

唸了幾次後，B女開始覺得窗外的景色看起來和平常不太一樣。進公司後，她也不斷默唸「冥冥之中自有貴人相助」，不但內心愈發平靜，精神也能夠專注在工作上了。**說得更準確一些，她是心無旁騖、井然有序地消滅工作，而且完全沒有累的感覺。**

這讓B女有些納悶：「我明明比平常做更多工作，為什麼一點也不累呢？」仔細回想後她發現，以前打報告的時候，總是心浮氣躁地滿口抱怨，一邊擔心自己打錯又會被主管唸。在這樣的情況下，內容當然是漏洞百出，最後落得「發回重做」的下場。

自從唸了**「好人緣咒語」**，B女相信冥冥之中，主管或其他同事自會幫她檢查報告內容。有了這樣的心態轉變，她心無旁騖、快速地打完報告，然後將多出來的時間拿來檢查校對，提早改正錯誤。

做出完美成品後，B女胸有成竹地拿去給主管看。正如她所料，主管對這份報告稱讚有加，這讓B女感到前所未有的安心，**她並不是一個人，而是跟大家一起工作。**

「冥冥之中自有貴人相助」一句簡單的咒語，讓B女初次嘗到工作的喜悅，讓她明白在這間公司中自己並不孤獨。

我的客戶中有一位女性，她坐電車時心中總是非常緊張，一開始她以為自己是對「人」感到厭惡，跟我談過後，才發現她是不喜歡沒水準、沒禮貌的人。

每次看到沒水準的人，她都會默默在心中抱怨：「這個人搞屁啊！」因此而惱怒不已，心情一落千丈。

於是，我請她一上電車就默唸**「冥冥之中自有貴人相助」**。起初，她不明白這個「好人緣咒語」跟她的情緒問題有何關聯，但還是聽從我的指示，在心中不斷默唸。

後來有一位老人家上車，站定在年輕人的座位前，她見狀立刻心想：「現在年輕人就只會低頭玩手機，肯定不會讓位。」然而隨後又默唸了一次：「冥冥之中自有貴人相助。」

奇蹟發生了，她唸完之後，那年輕人竟主動起身，將座位讓給眼前的老人家。老人家欣然道謝，年輕人則有點難為情地點頭回禮，然後繼續看他的手機，周遭乘客也紛紛對年輕人投以崇拜的眼光。

簡單一句「冥冥之中自有貴人相助」，竟有如此神奇的力量，將車上的乘客團結在一起，彼此互相幫忙。自此，那名女性再也不怕搭電車了。

這個例子告訴我們，「好人緣咒語」具有「令人安心」的鎮定效果。如何？是不是很有意思呢？

被人暗中放箭時，請唸這條「淨心咒語」

聽到有人在背地裡說你壞話時，你會怎麼反應呢？檯面上的衝突還算好處理，私底下的批評則讓人不知如何應對，心裡非常難受。

這種「暗箭」很容易讓人鑽牛角尖，不斷幫對方講的內容「升級」，幻想他一定還講了更過分的事。

情緒容易暴走的人遇到這種情形之所以會特別痛苦，是因為我們會下意識地認同對方說的話，以為自己就像對方說的一樣壞、一樣沒用。

聽到有人在暗中對你放箭時，只要唸這句**「淨心咒語」**——**「不漂亮又怎樣」**，即可一掃心中陰霾。

這裡的「漂亮」，是指我們對自己下的心理暗示：**「做人一定要漂亮。」**

情緒容易暴走的人，對「漂亮」都有一定程度的講究與追求，說話要說得漂亮、做事要處理得漂亮、外表要打扮得漂亮，不漂亮就不入格。

人之所以會在背後說別人壞話，基本上都是出於「嫉妒」。他們是因為嫉妒你的心理暗示，看不過你「做人太漂亮」，才會使盡手段對你潑髒水。

如果你太把別人的「嫉妒」當一回事，覺得自己「必須」活得更光鮮亮麗，只會有火上澆油的效果，陷入「壞話」與「冷箭」的泥沼之中。

D就是「漂亮」的受害者。她剛被派遣到某間公司時，就聽到有人批評她：「為什麼D可以每天都那麼晚到？」

一開始她還以為自己聽錯了，因為她是派遣職員，本來就不用跟正職員工一樣早到，D氣呼呼地心想：「有種就直接來問我啊！」

同一天，她還聽到有人小小聲地說：「天吶，她怎麼穿這麼髒的鞋子來上班啊？」這讓D更煩躁了。

「我是因為沒錢買新鞋，只能穿舊鞋來上班。但那又怎樣？

我又不需要接待客戶！」D很想當場反駁他們，但又怕對方不是在說她，只好硬生生地把到嘴邊的話吞回去。這些惡言惡語害得她一整天心不在焉，工作頻頻出包，因而被主管臭罵了一頓。才被主管罵完，D馬上又聽到同事竊竊私語的聲音，那一刻，她簡直恨透這間公司了。

正當怒氣快要爆發時，她在心中默唸了**「淨心咒語」**——**「不漂亮又怎樣」**。

唸完後，D的腦袋瓜瞬間冷靜了下來，也終於能夠專注完成眼前的工作。不僅如此，她還聽出了**隱藏在這些「壞話」背後的「真意」**。「欸你看，她的絲襪脫線了耶！」這句話的「真意」是：「太過分了！D比我年輕，還有一雙修長的美腿！真是不可原諒！」

「什麼嘛！原來那些人只是嫉妒我年輕啊！」自從開始唸「淨心咒語」後，聽同事說自己壞話竟成了一種享受。

回家前，D又聽到同事竊竊私語：「她今天又要比我們早下班了。」唸了**「不漂亮又怎樣」**後，她聽出這句話的「真意」是：「這樣我們就不能約她去喝一杯了。」

不過，D一點都不想跟這些人有公事以外的來往，所以她很瀟灑地回家了，完全不想花半點心思在他們身上。

之後D一遇到這類的狀況就會唸「淨心咒語」，慢慢地，同事也不再說她壞話了。主管看她事情做得井井有條，還主動問她要不要升為正職員工。

D默唸了一次「不漂亮又怎樣」後，發現主管是想追她，才招攬她進公司。於是她笑笑地回道：「您的好意我心領了。」成功逃離一場災難。

接收到他人的負面情緒時，請唸這條「歸零咒語」

相信各位都有「一想到某人就氣」的經驗吧？遇到這種情況，只要對自己下心理暗示，將負面情緒「還給對方」，即可瞬間恢復平靜。

釋迦牟尼佛曰「無」，人本為「無」，我們的「憤怒」、「不悅」等情緒，都是被周遭人「暗示」出來的。

也就是說，**我們的情緒是別人給的**，所以才會無法控制情緒，對一點小事就過度反應。

既然我們本是「無」，腦中的思緒當然也不屬於我們，只要抱持著這個觀念，情緒自然不會受到外界影響。

假設你今天遇到自以為是的客戶，肯定是氣得火冒三丈吧？但在生氣的同時，你也會感到很自責，覺得自己應該要以客為尊，不應隨意批評顧客。

在情緒的拉扯與糾結下，你只會愈想愈生氣，覺得對方把你當猴子耍，瞧不起服務業。

遇到這種情形，只要默唸**「歸零咒語」——「將負面情緒物歸原主」**，即可消除心中的怒氣，重建與客戶之間的關係。

情緒容易暴走的人大都認為自己「必須滿足別人的期待」。

這樣的念頭形成了強烈的心理暗示，驅使我們不停扮演別人心目中的完美角色。

而「歸零咒語」**能喚醒最原本的自己，卸下虛假的面具和戲服，回歸「無」，也就是毫無感覺的狀態。**

只要你回到「無」的狀態、卸下「遭人瞧不起的低等角色」，對方也就沒戲唱了。這麼一來，他自然就不會對你頤指氣使、擺架子。

這條「歸零咒語」最重要的作用，就是幫助我們重拾內心平靜，不再隨著對方起舞。

再看一個例子吧！B太太對家裡附近的三姑六婆非常反感。這天，一個親切的阿姨特地提醒她，有個歐巴桑到處跟人說她沒有按照規定丟垃圾。聽得她雙眼冒火，一股反胃感直衝喉頭——「天吶！怎麼會有人偷看別人倒垃圾啊！」B太太都有好好做垃圾分類，所以她下意識地認為，那個歐巴桑是在說她沒有按規定時間倒垃圾。

於是，B太太在心中默唸：**「將負面情緒物歸原主！」**才唸完，誰罵她、罵了什麼，瞬間都變得不重要了。

唸完第一次後，B太太突然意識到自己是受到那名親切阿姨的煽動，心中因而燃起新的熊熊怒火。她雖然氣憤，但還是告訴自己，跟那種人計較只是在浪費時間，所以她又唸了一次「歸零咒語」，唸完後果真雲淡風輕，心中的怒氣一掃而空。

隔天早上，B太太遇到那位「偷看她倒垃圾」的歐巴桑，竟能不計前嫌地跟對方道早安。以前這名歐巴桑從來不會主動跟B太太說話，今天卻笑咪咪地跟她聊天，還跟她抱怨「親切阿姨」很八卦，嘴巴不乾淨。這次B太太沒有被煽動，因為她很清楚，她若動怒，就正中這些三姑六婆的下懷了。

那一刻，B太太嘗到了「無感的喜悅」。

感到恐懼不安時，請唸這條「安心咒語」

只要默唸上述的「歸零咒語」，即可擺脫別人希望你扮演的角色，恢復「無感狀態」。相信釋迦牟尼圓成佛果時，也是這種感覺吧。

佛經上說，煩惱的化身——天魔，因為擔心釋迦牟尼成道後會影響到自身的地位，便不斷阻擾釋迦牟尼冥想修行。先是派出美女誘惑不成，後又派出怪獸襲擊，令岩石、各種刀劍武器從天而降，命黑暗包圍其身，然而，釋迦牟尼卻完全不為所動。最後天魔自己出動，揮舞著圓盤想攻擊釋迦牟尼，圓盤卻瞬間變成了花圈，天魔認輸，釋迦牟尼也順利成道。

情緒失控時，**我們就是被天魔施以幻覺的釋迦牟尼。**

以B太太的例子來說，陷入三姑六婆的戰爭、情緒受到影響時，只要一句**「負面情緒物歸原主」**，就能恢復冷靜的頭腦，不僅情緒不再動搖，還成功看穿「親切阿姨」的陰謀。

也就是說，情緒容易失控的人「成道」後，內心即可恢復原本的平靜。而那些想方設法影響我們情緒的人，就像天魔一般不斷對我們施以幻覺，阻止我們悟道修行。

所以，情緒偶爾失控也不用擔心，那代表你正在往「平靜之路」前進。

再看看另一個例子，C太太的老公一天到晚把家計掛在嘴邊，開口閉口都是錢。每每聽到老公說：「妳怎麼老是亂花錢，這樣我們老了以後怎麼生活？」她就覺得未來一片黑暗。

一想到自己今後要跟這個人過一輩子，每天聽他叨唸錢的事，還要做牛做馬服侍他，C太太就覺得無比難受，甚至有些呼吸困難。然而，她雖然厭惡這種生活，卻不知如何抽身，有如身處一場永遠醒不來的惡夢。

在我的建議下，C太太默唸了**「安心咒語」——「去去幻覺走」**，剎那間，惡夢消失了，彷彿獨自一人回到了現實之中。

唸完「安心咒語」後，**C太太重拾了內心的平靜，她心想，老公的不快樂或許只是她的幻覺，一個人生活也充滿了樂趣。**

C太太發現，之前她太執著於老公的想法了，她愈是討厭他，就愈是無法擺脫他，以致於無法正視自己的感受。

既然她對老公的怨氣只是幻覺，那就沒有必要去想老公的事。解除幻覺後，C太太回歸原本的自我，置身於平靜之中，她感到前所未有的安心。

M小姐已到了適婚年齡，卻遲遲找不到對象，這讓她心急如焚，生怕自己再這樣下去會窮困潦倒、孤老終生。

放眼望去，她對身邊的對象沒有一個滿意的。一想到自己要跟這種男人共度一生，她就感到一股反胃，心想：「打死也別想要我照顧這種人的起居！」

然而，不結婚就得孤獨一生，這讓她內心非常掙扎，不知該如何是好，每天都活在不安之中。

後來我請Ｍ小姐只要心中有所不安，就默唸**「安心咒語」**——**「去去幻覺走」**。唸了幾次後她突然覺得：「一個人好像也不壞嘛！」

從幻覺中解放後，Ｍ小姐覺得結不結婚都無所謂。她後來發現，自己之所以會陷入「不結婚會孤獨一生」的幻覺當中，是因為媽媽從小就不斷灌輸她這個觀念。

雖說母親這麼說是出自對她的愛，但她可不能被這樣的幻覺囚禁一生，唸完「安心咒語」後，Ｍ小姐終於能靜心面對時光的流逝。

心態轉變以後，M小姐的男人運就好得不得了，她身邊開始出現前所未見的優秀男性，而每當對婚後生活的想像感到不安時，她都會默唸「去去幻覺走」，穩定自己的心情。**現在的她對結婚已不再強求，一切順其自然。**

感到恐懼不安時，請默唸「安心咒語」，幫助自己擺脫幻覺，回歸初心，找回內心的充實與平靜。

胡思亂想時，請唸這條「真心咒語」

若你能跳脫別人幫你安排的角色，並解除幻覺，回歸原本的自己，即可品嘗到「無感的喜悅」。

你將明白，「原本的你」無須回顧過去，也無須展望未來，更無須猜測別人的心情。然而，**即便明白這個道理，也不代表你的情緒就此平靜如水，沒有半點起伏。**

除非你跟釋迦牟尼佛或耶穌一樣置身荒野、不與人接觸，那就另當別論了。

這說來簡單，做起來卻是難上加難，我們通車時得與路人接觸、工作時得與同事交流、回家後得和家人相處，每天都得接觸別人的情緒。即便得到暫時的平靜，偶爾還是會走回「情緒暴走」的老路。

「說的比唱的好聽，搞了半天情緒還不是一樣失控！」我彷彿能聽到天魔嗤之以鼻。

天魔啊，你沒聽過欲速則不達嗎？

遇到這種情形，請默唸這條**「真心咒語」**——**「正視自我真感**

受」。

這條咒語能無限延伸心中的「平靜」。唸完你會發現，情緒失控的是身邊的人，不是你。當身旁的人心浮氣躁、情緒不佳時，我們更要探索自我的平靜，因為這份平靜不屬於別人，只屬於你。

我認識一位男性，他非常熱衷於冥想，並積極參加各種自我啟發活動，但情緒卻還是動不動就失控。

每次參加自我啟發活動，又或是跟道友一起冥想，當下他都非常心滿意足，覺得自己的心靈獲得了淨化。然而，一旦回到家中、跟家人接觸後，他都有一種心靈蒙灰的感覺，甚至接著只要上一天班，內心就故態復萌，回到原本混亂的狀態。也因為這個原因，他才會不斷參加各種自我啟發活動，尋求心靈的平靜。

後來在我的指導下，他只要在公司與人稍有摩擦，就會在心中默唸**「真心咒語」——「正視自我真感受」**。唸了幾次後，他便感受到冥想時的平靜，他這才明白，原來平靜源自內心而非外力。

他覺得自己真傻，之前他不斷尋求各種協助，參加大大小小的活動、學習冥想的方法，為的就是尋求一絲平靜，沒想到平靜一直在他的心裡，只是他沒發現罷了。

簡單一句「正視自我真感受」，就能喚醒心中的淨土，那裡沒有慾望，也沒有不安，就只有無止境的靜謐。

領悟這個道理後，即便身邊的人一陣兵荒馬亂，他也能老神在在、不為所動。也因為這個原因，「正視自我真感受」成了他的口頭禪，藉此常保原本自我，即便身處人群中也能閃閃發光。

那是「平靜」散發出的光芒。

「平靜」並非一片黑暗，正因為心靜，光亮才得以存在。

唯有解開情緒的束縛，才能投奔美好的世界。

身為情緒容易暴走的人，我們無疑是最靠近「光亮」的那群人。

國家圖書館出版品預行編目 (CIP) 資料

情緒暴走不是你的錯：心理師也在用的 15 個口訣與秘訣，快速回復心平氣和 / 大嶋信賴著；劉愛夌譯. -- 初版. -- 臺北市：遠流，2018.11
面； 公分
ISBN 978-957-32-8374-4(平裝)
1. 情緒管理

176.52 107016316

情緒暴走不是你的錯

心理師也在用的 15 個口訣與秘訣，快速回復心平氣和

作　　者：大嶋信賴
譯　　者：劉愛夌
總 編 輯：盧春旭
執行編輯：黃婉華
行銷企劃：鍾湘晴
封面設計：黃宏穎
內頁排版設計：Alan Chan

發 行 人：王榮文
出版發行：遠流出版事業股份有限公司
地　　址：臺北市南昌路 2 段 81 號 6 樓
客服電話：02-2392-6899
傳　　真：02-2392-6658
郵　　撥：0189456-1
著作權顧問：蕭雄淋律師
ISBN：978-957-32-8374-4
2018 年 11 月 1 日初版一刷
定價：新台幣 320 元（如有缺頁或破損，請寄回更換）

YLib 遠流博識網
http://www.ylib.com
Email: ylib@ylib.com